디지털로 생각하라

디지털로 생각하라
: 관점을 바꾸면 고객이 보인다

2021년   2월 10일 초판 1쇄 발행
2023년   5월   2일 초판 4쇄 발행

지은이 신동훈, 이승윤, 이민우

펴낸이 김은경
펴낸곳 ㈜북스톤
주소 서울특별시 성동구 성수이로 20길 3, 602호
대표전화 02-6463-7000
팩스 02-6499-1706
이메일 info@book-stone.co.kr
출판등록 2015년 1월 2일 제2018-000078호
ⓒ 신동훈, 이승윤, 이민우
(저작권자와 맺은 특약에 따라 검인을 생략합니다)
ISBN 979-11-91211-09-2 (03320)

북스톤은 세상에 오래 남는 책을 만들고자 합니다. 이에 동참을 원하는 독자 여러분의 아이디어와 원
고를 기다리고 있습니다. 책으로 엮기를 원하는 기획이나 원고가 있으신 분은 연락처와 함께 이메일
info@book-stone.co.kr로 보내주세요. 돌에 새기듯, 오래 남는 지혜를 전하는 데 힘쓰겠습니다.

디지털로 생각하라
DIGITAL TRANSFORMATION

관점을 바꾸면 고객이 보인다

신동훈 · 이승윤 · 이민우 지음

북스톤

언제나 나의 첫 독자로 좋은 아이디어를 제시해주는 영노와
일할 시간을 뺏어 아빠를 더 효율적으로 만들어주는 이안,
멀리서 응원해주시는 부모님과 장인장모님께 감사를 전합니다.

늘 묵묵히 지지해주시는 부모님 이해숙, 이준호,
그리고 새로운 가족, 이원이 정원이에게 이 책을 바칩니다.

부족한 저를 언제나 풍성하게 채워주는 혜원,
제 삶의 이유인 삼형제 율, 산, 준
그리고 저 높은 곳에서 흐뭇하게 웃고 계실 부모님께 이 책을 바칩니다.

삶의 모든 것이
디지털로 옮겨가는
대변혁의 시대

'구글 신은 모든 것을 알고 있다'(Almighty Google knows almost everything)라는 말이 있다. 하버드가 미래의 경쟁상대로 본 대상이 미국 명문대학 MIT가 아니라 구글이 된 지 오래다. 앞으로는 구글과 같은 거대 IT 기업과 세계적 석학이 합작해서 만든 온라인 교육 프로그램이 유명 대학 강의보다 더 큰 공신력을 얻을 것이라는 예측이 나오고 있다. 나아가 이러한 형태의 온라인 교육이 지금의 일반적인 대학교육을 대체할지도 모른다. 원격수업이 미래의 뉴노멀(new normal)이 되리라는 예상이다. 대학만이 아니라 모든 이들의 라이프스타일이 디지털로 옮겨가는 대변환의 시대를 맞고 있다. 각종 IT 기업 및 온라인 플랫폼 기업에 주식시장의 이목이 집중되는 것은 이러한 변화를 단적으로 보여준다.

2019년까지만 해도 이러한 예상은 언젠가 실현되겠지만 언제일지 확정하기는 어려운 미래예측에 가까웠다. 그러다 코로나19 발생 이후 디지털화의 흐름이 급격히 빨라지고 있다. 한국 사립대 총장협의회에 따르면 코로나19 대유행 이전인 2019년 대학의 온라인 강의 비율은 1%에 불과했다. 그러나 2020년 전반기 한국의 모든 대학은 수업을 100% 온라인 강의로 진행해야만 했다. 전국의 교수들이 단 한 명의 예외 없이 화상회의 소프트웨어 프로그램을 이용해 원격수업을 진행했다는 이야기다. 우리나라만이 아니라 세계가 동시에 겪는 변화다. 화상회의 소프트웨어 업체 줌(Zoom)의 2020년 1사분기 매출은 전년 동기 대비 169%나 성장했다. 이처럼 코로나19는 대학이 구글과 함께 교육 프로그램을 론칭해야 하는 시대를 애초의 예상보다 더 빠르게 당기고 있다. 대학뿐 아니라 모든 기업의 사정이 마찬가지다. 사람들의 라이프스타일이 기업의 예상보다 훨씬 빠르게 디지털로 이동하고 있다.

그동안 디지털 기술이 기하급수적으로(exponentially) 급격히 성장한 반면, 그 기술에 적응하는 인간의 모습은 완만한 로그형 곡선(logarithmically)을 그리며 변화해왔다. 한마디로 기술은 존재하나, 그 모든 기술을 인간의 라이프스타일에 적용하지는 않았다는 이야기다. 그러다 코로나19를 맞아 이러한 불일치가 극단적인 방식으로 해소(?)되고 있다. 코로나19가 가져온 '사회적 단절'로 인해 모든 인류가 한순간에 디지털 기술에 적응해가고 있다. 바야흐로 디지털 전환(digital transformation)의 시대 한가운데에 우리가 살고 있는 것이다.

개인들은 디지털 기술이 가져온 변화를 다름 아닌 자신의 생활에서 실감하고 있고, 기업들은 자기가 속한 산업 안팎의 급격한 판도 변화를 목도하며 본능적으로 이 변화가 큰 기회이자 위협이 될 것을 직감하고 있다. 우리 삶의 모든 부분에 디지털의 영향력이 폭발적으로 커져감에 따라, 앞으로는 혁신적인 디지털 고객경험(digital experience, DX)을 설계하고 전달하는 기업만이 롤러코스터 같은 대전환의 위기를 기회로 만들며 성장할 수 있을 것이다.

패션이나 자동차 등의 분야에서 시기별로 특정 스타일이나 브랜드가 유행하듯이, 기업경영의 세계에도 시대별로 수많은 유행이 뜨고 또 진다. 최근 기업경영 현장을 가장 뜨겁게 달구고 있는 화두를 꼽으라면 많은 사람들이 디지털 전환(digital transformation, DT)을 언급할 것이다. 다양한 분야의 구루들이 4차 산업혁명이 가져올 혁신적이고 파괴적인 미래의 모습을 이야기한다. 컨설팅 회사들은 발 빠르게 이런 시대에 살아남기 위해 필요하다는 경영컨설팅 상품을 개발하고, 세계 유수의 대학들은 디지털 전환과 관련된 학위과정과 인증 프로그램을 만드는 데 열을 올리고 있다. 출판계에서도 이와 관련된 다양한 종류의 서적이 출간되고 있다. 디지털 전환이라는 개념을 둘러싼 공급이 이처럼 급격히 증가한 것은 당연히 이를 소비할 개인과 기업들의 관심이 크기 때문일 것이다.

디지털 전환을 소개하는 연구나 서적들은 저마다 다양한 관점을 가지고 서로 다른 부분에 초점을 맞춘다. 일부는 소비자들이 생활에서 사용하는 기기나 서비스가 비대면 디지털 서비스로 대체되는 것을 통해 사회적 라이프스타일의 변화를 설명한다. 애플워치가 세계에서 가장 많이 생산되는 시계가 되어 전통의 스위스 시계산업을 훌쩍 뛰어넘었고, 사람들이 영화를 보는 방식은 DVD 대여에서 온라인 스트리밍 VOD로 바뀌었다. 과거 기준으로는 슈퍼컴퓨터급 계산능력을 가진 기기를 모든 사람이 손에 들고 다니는 시대가 되었다. 택시 잡기 어렵기로 악명 높은 뉴욕의 거리에서 몸싸움을 불사해야 했던 승객들은 이제 택시를 모바일 앱으로 손쉽게 부르고, 팁을 얼마 줄지 걱정하지 않고 온라인으로 결제한다. 이런 변화는 디지털을 기반으로 기존 제품과 서비스를 대체해버린 기업들의 활약상과 맞닿아 있기에 모바일, 공유경제, 플랫폼 등의 비즈니스 모델로 세계를 호령하는 기업들에 초점을 맞춘 연구나 사례도 많다.

다른 한편으로 기술변화 자체에 초점을 맞추어 AI, 클라우드, 엣지 컴퓨팅, 머신러닝, 로보틱스, 3D 프린팅 등의 기술이 도입돼 효율성을 향상시키는 것을 디지털 전환의 대표적 모습으로 제시하기도 한다. 예컨대 디지털과 가장 멀어 보이는 농업부문에서 빅데이터를 활용하고 인공위성과 자율주행 농기구로 농작물을 대규모로 키워내는 사례나 피자를 배달하는 드론, 자율주행 로봇 이야기는 매우 흥미롭다. 조직의 시스템과 제도 변화에 초점을 맞추는 연구는 기업의 물류관리나 전사적 자원관리 시스템을 최첨단 IT 시스템으로 개편해 운영효율성을 높이는 사례를 통해 디지털 전환을 설명하기도 한다.

이런 다양한 시선과 초점은 모두 의미가 있다. 그러나 한편으로는 사람들의 생활과 기업들의 흥망성쇠에 지대한 영향을 주는 디지털 전환이라는 거대한 코끼리의 각기 다른 일부분만 보여주기 때문에 디지털 전환의 전체적인 모습은 어떠한지, 조직과 개인에게 어떤 함의가 있는지 이해하기 어렵게 만들기도 한다.

대기업 임원이 바라보는 디지털 전환과 중소기업 CEO가 바라보는 그것이 같을 수 없고, 전통적 산업에 속한 기업과 신산업에 속한 기업이 관심 있는 디지털 전환의 모습은 다를 것이 당연하다. 자영업자나 개인 입장에서는 시대를 선도하는 디지털 기업들의 사례가 재미는 있지만 시도할 엄두가 나지 않는 남의 이야기로 들릴지도 모른다. 모두가 디지털 전환에 대해 이야기하지만, '그래서 나(개인)는, 우리 조직(기업)은 디지털 전환을 어떻게 정의하고 어떻게 대응해야 하는가?'라는 질문에 제대로 대답하기는 쉽지 않다.

필자들은 기술의 변화가 촉발한 개인 라이프스타일의 변화와 큰 규모의 사회적 변화 속에서 기업을 포함한 조직들이 디지털 데이터와 기술을 활용해 더 나은 고객가치를 만들려면 어떤 활동을 해야 하는지 안내해줄 통합적인 분석과 현실적인 조언이 필요하다고 생각했다. 이를 위해 이 책 1부에서는 먼저 '디지털을 입에 물고 태어난' 태생적 IT 기업들이 기존의 산업을 대체한 사례를 예로 들어 왜 디지털 전환이 일시적 유행이 아니라 반드시 필요한 변화인지 설명했다.

하지만 여전히 절대다수의 기업은 타고나기를 디지털 기업도 아니고 이런 변화에 엄청난 돈을 쓸 수 있는 대기업도 아니다. 2부에서 우리는 이런 기업의 경영자, 구성원, 자영업자, 그리고 창업을 고려하는 사람들과 커리어를 고민 중인 사람들이 각자의 관심과 상황에 맞게 적용할 수 있는 디지털 전환의 모델을 제시하고자 했다. 디지털 전환을 추진할 때 잊지 말아야 할 9가지 법칙을 사례와 함께 설명해 어떤 가치를 중심으로 비즈니스를 정의하고, 어떻게 소비자가 원하는 가치를 찾아내고 필요한 역량을 갖출지, 그리고 결과적으로 어떻게 조직혁신을 이뤄내고 기업의 가치를 향상시킬지에 대한 로드맵을 제공하고자 한다.

이 책은 2명의 미국대학 교수와 한 명의 한국대학 교수가 디지털 전환이라는 패러다임에 대해 함께 고민하고 토론한 내용을 기반으로 한다. 학교에서 조직변화와 기업혁신 전략을 가르치면서 디지털과 신산업의 변화를 연구해온 경영전략 전공교수, 사람들의 라이프스타일 변화를 연구하고 소비자의 심리와 디지털 문화를 추적해온 마케팅 전공 교수, 그리고 디지털 전환의 기술적 기반에 해당하는 경영정보 시스템을 중심으로 호텔과 관광산업 등 서비스 산업 전반에 걸친 혁신과 변화를 연구하는 호텔경영학 교수가 함께 한국과 미국의 새벽을 깨워가며 즐겁게 논의한 내용을 글로 옮겼다.

함께 나눈 이야기가 글로 옮겨지고 책으로 만들어지는 과정에서 필자들이 느꼈던 점은, 이 책을 만드는 과정 자체가 어쩌면 우리의 삶이 디지털로 옮겨가고 있음을 방증(傍證)하지 않는가 하는 것이었다. 우리는 약속한 시간에 너무도 자연스럽게 온라인 프로그램을 열어 컴퓨터 모니터를 통해 서로 얼굴을 보며 안부를 묻고, 미국과 한국의 혁신기업 사례를 논의해왔다. 그날 정리된 내용은 클라우드 시스템으로 공유하고 각자 고쳐나갔다. 만약 디지털 전환의 거대 흐름을 가속화한 코로나19라는 계기가 없었다면, 한국과 미국이라는 물리적인 거리를 의식하던 필자들이 심리적인 부담을 걷어내고 온라인으로 토론하고, 그 결과물을 책으로 만들려는 생각을 하는 데는 좀 더 시간이 걸렸을지 모른다.

디지털 전환기의 한가운데서 우리가 가진 서로 다른 전문분야와 다양한 시각, 서로 다른 지역에서 겪은 다양한 경험들이 디지털 전환이라는 거대한 코끼리를 좀 더 큰 틀에서 이해하는 데 도움이 될 수 있기를 기대한다. 마지막으로, 우리가 쓴 글을 더욱 더 돋보이도록 가다듬고 책의 전체적인 편집 방향을 잡아주신 북스톤에 진심으로 감사한 마음을 전한다.

차례

2부 디지털 전환의 9가지 법칙
: DT 시대의 혁신전략

결론 기술이 아니라 태도를 혁신하라

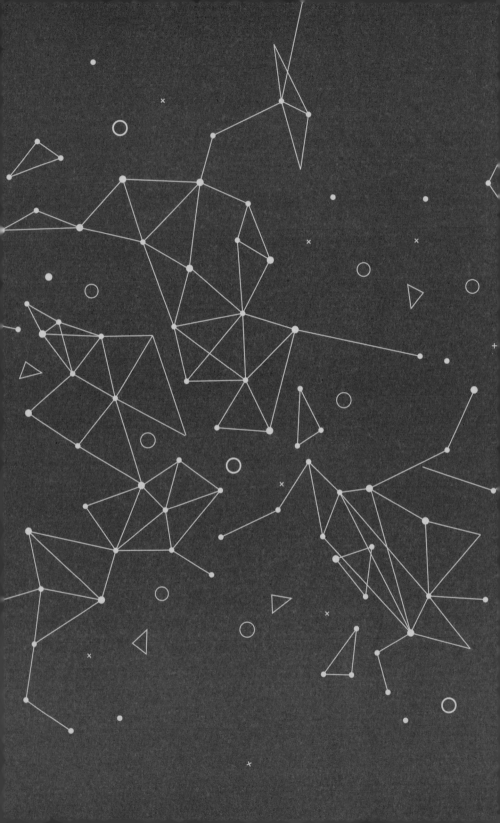

PART 1

당신이 DT를 알아야 하는 이유

: 디지털 전환이 불러올 경영환경의 변화

트렉터가 아니라 솔루션을 판다

존디어(John Deere)라는 기업이 있다. 1869년 설립된 농기계 및 건설장비 생산업체로, 말 그대로 미국 농업산업의 산증인이라 할 수 있다.

180여 년의 역사, 농기계라는 전통적인 산업, 게다가 제조업, 존디어를 보며 떠올리는 첫 느낌은 십중팔구 쇠락해가는 '올드'함일 것이다. 그러나 이 오래된 기업은 그런 이미지와 달리 누구보다 왕성한 활동과 실적을 자랑한다. 2019년 32억 달러가 넘는 순이익을 올리는 등 글로벌 농기계 시장에서 부동의 1위를 지키며 팔팔한 현역으로 뛰는 중이다.

전통산업의 오래된 기업인 존디어가 여전히 전성기를 구가할 수 있는 것은 디지털 전환에 성공했기 때문이다. 미국의 농업산업 또한 다른 산업과 마찬가지로 디지털 전환이라는 시대적 패러다임에서 자유로울 수 없다. 기존의 많은 농기계 생산업체는 물론 디지털 기술을 기반으로 한 경쟁자들이 우후죽순 생겨나면서 농기계 시장은 심각한 경쟁구도를 그려왔다.[1] 존디어로서는 극심해지는 경쟁을 이겨내는 동시에 전통산업으로서 디지털 전환에 성공해야 한다는 과제가 동시에 주어진 것이다.

이 과정이 순탄했을 리 없다. 엎친 데 덮친 격으로 세계적으로 대형 농기계 수요마저 줄어들어 2014년에는 생산라인을 축소하고 인력을 해고하는 등 위기를 겪었다. 그럼에도 그들은 도전을 회피하지 않았다. 존디어는 제품 생산 및 판매 중심의 기업에서 디지털 기술 중심의 플랫폼 기업으로 전환하는 동시에, 기존의

〈세계 농기구 제조업체 매출 순위〉

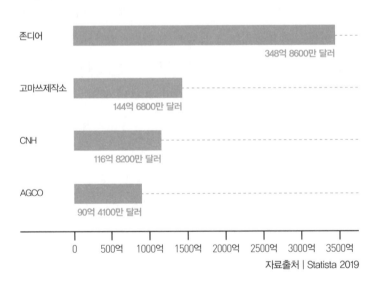

자료출처 | Statista 2019

일반소비자(B2C)와 기업소비자(B2B)를 한데 묶는 개방형 통합 플랫폼을 구축하는 혁신에 성공함으로써 글로벌 기업으로 다시 우뚝 섰다.

존디어는 오랫동안 시장의 강자로서 축적해온 다양한 농업기술, 농장운영 및 토질 자료를 디지털화하고, 이들 데이터를 바탕으로 2012년 클라우드 컴퓨팅 기반의 통합화된 농업 플랫폼인 마이존디어(MyJohnDeere)를 구축했다. 자사 제품라인을 비롯해 유통업자와 사용자의 디바이스가 통합된 플랫폼에서 고객들은 농기계 사용에 관한 가이드를 받는 것은 물론 농업 생산성도 체계적으로 관리할 수 있게 됐다. 마이존디어는 농장 수천 곳에서 가동되는 자사 농기계의 데이터를 수집한 다음 이를 분석해, 수확량을 높이려면 어떻게 농장을 운영하는 것이 가장 좋을지 고객에게 제안해준다. 농업에서 특히 중요한 파종기와 수확기에 예상치 못한 다운타임(downtime, 설비고장으로 주요 기계를 사용하지 못하는 기간)이 생기지 않도록 올바른 장비 사용법도 안내해준다. 농기계에 이상이 있을 것 같으면 미리 감지해 정비를 받을 수 있도록 알려주기도 한다.

이와 함께 팜사이트(Farmsight)란 서비스를 운영해 수많은 농장에서 수집한 데이터를 토대로 어떤 작물을 어떤 토질에 심으면 좋은지 제안해준다. 고객들은 농기계에 부착된 센서에 정보가 많이 모일수록 자신에게 이롭다는 것을 알기에 적극적으로 데이터를 남기고 도움을 얻으며 존디어와 긴밀한 관계를 맺게 된다.

이들 플랫폼을 활성화하기 위해 존디어는 소프트웨어와 애플리케이션을 개발자와 기업에 오픈하여 상호 협력할 수 있는 시스템을 만들었다. 존디어의 통합 플랫폼에서 생성되는 데이터는 외부 업체와 공유돼 새로운 앱을 개발하는 밑거름이 된다. 외부와의 제휴를 통해 새로운 디지털 마켓을 창출하는 것이다. 이렇게 만들어진 데이터와 앱은 다시 다양한 생산 및 유통업체들과 공유되며 마이존디어가 형성한 농업생태계의 일부를 이룬다. 생태계 안에 들어온 고객은 언제 어디서든 손안의 디바이스로 생산, 운영, 관리 업무를 처리할 수 있고 공급업자들과도 연결될 수 있다. 이는 궁극적으로 획기적인 운영비 및 노동력 절감이라는 가치가 되어 고객에게 돌아간다.

존디어는 이런 오픈시스템 형태의 플랫폼 비즈니스를 일반고객(B2C)뿐 아니라 기업고객(B2B)으로까지 확대했다. 농기계 및 건설장비를 보유한 업체들은 마이메인테넌스(MyMaintenance)라는 모바일 앱을 통해 장비 점검을 비롯해 주문과 구매도 할 수 있다. B2B 고객들의 장비 수리비 및 교체비 절감은 물론 마이존디어와 시스템을 통합하는 B2B2C 생태계를 만든 덕분에 존디어는 고객들이 떠나지 못하도록 묶어두는 데 성공했다.

100년 넘는 시간 동안 존디어의 상징은 녹색 트랙터였다. 그러나 이제 농업인들에게 존디어는 트렉터 회사가 아니라 최신의 AI와 머신러닝 기술을 이용하는 IT 기술기업으로 인식되고 있다. 2017년 농업용 자율로봇 기술을 보유한 블루리버 테크놀로지(Blue River Technologies)를 3억 5000만 달러에 인수하는 등 스마트팜을 선도하는 디지털 기술기업으로 전환하기 위해 새로운 역량 축적에도 지속적인 노력을 기울이고 있다.[2]

DT가 산업을 집어삼킨다

존디어의 사례는 디지털과 가장 멀어 보이는 농업 분야 또한 디지털 전환에 예외일 수 없음을 보여준다.

세계적인 경제지 〈포춘〉은 1955년부터 매년 매출액 기준으로 '500대 기업' 리스트를 발표하는데, 최근 이 순위가 급격하게 요동치고 있다. 〈포춘〉이 1990년에 선정한 미국 500대 기업 가운데 2010년까지 살아남은 곳은 121개에 불과하다. 70% 이상이 20년도 되지 않아 500위 밖으로 밀려나거나 사라졌다는 뜻이다. 컨설팅 회사 이노사이트(Innosight)는 S&P500 지수에 포함된 우수기업들의 평균수명이 1990년에는 20년이었지만 2026년 이후에는 14년 이하로 떨어질 것으로 예측했다. 그만큼 최근 일어나는 변화의 흐름이 가파르고 파괴적이라는 방증일 것이다. 이 변화의 중심 흐름은 다름 아닌 디지털 전환이다.

수많은 전통적 강자들이 디지털 전환 시대에 적응하지 못해 사라지고 있다. 반대로 이런 변화의 흐름을 타고 거침없이 성장하는 기업들도 있다. 대부분은 처음부터 디지털을 입에 물고 태어난 IT 기업이다. 1998년 등장한 구글은 라이코스, 야후 등의 인터넷검색 기업을 대체하며 IT 기술과 관련된 모든 분야에서 절대적인 강자로 떠올랐다. 온라인서점으로 출발한 아마존은 물류와 배송 혁신을 기반으로 온라인 리테일 분야의 공룡이 되었고, 미국의 오프라인 플레이어들을 하나씩 집어삼켰다.

2007년 청바지와 터틀넥 셔츠 차림의 스티브 잡스가 주머니에서 아이폰을 꺼내든 모습은 디지털 혁명이 모바일 세상으로 확장하는 상징적인 장면이었다. 아이폰으로 대표되는 스마트폰 시대의 등장은 디지털과 모바일 기술을 바탕으로 고객에게 새로운 가치와 경험을 창출하는 기업들에게 급격한 성장 기회를 제공했다.

그 후 애플은 맥, 아이폰, 아이튠즈로 자체 디지털 생태계를 확장하는 한편, 기존 산업에도 본질적인 변화를 일으키고 있다. 애플이 2014년 애플워치를 선보였을 당시 시계업계가 보인 반응은 냉소에 가까웠다. 럭셔리 제품의 명가 LVMH의 시계 영역을 이끌던 장 클로드 비버(Jean-Claude Biver)는 애플워치를 두고 "솔직히 말해 대학교에 갓 입학한 학생이 디자인한 것처럼 보인다"고 혹평했고, 스와치 그룹의 닉 하이에크(Nick Hayek) 회장은 아예 "신경 쓰지 않는다"며 노골적으로 무시하는 표현을 썼다. 그러나 이제 시계산업에서 애플워치에 대해 이런 발언을 할 수 있는 사람은 단 한 명도 없을 것이다.

애플워치는 새로운 시대에 맞는 디지털 경험을 입혀서 전혀 새로운 방식으로 소비자들이 시계를 바라보게 만들었다. 애플워치는 시간을 알려주는 장치, 패션 액세서리, 그리고 자신의 신분과 성공을 드러내는 상징물을 넘어 생산성을 끌어올리는 수단이 되고 있다. 중요한 일정과 내용을 환기시키고 미팅 장소에 정확하게 도착할 수 있도록 지도 역할을 해줄 수 있으며, 정신없이 일하던 중 전화가 왔을 때 전화기를 찾을 필요 없도록 해준다. 에어팟을 통해 통화는 물론 음악감상, 시리(Siri) 서비스 이용도 가능하다. 당신의 건강도 애플워치가 지켜줄 수 있다. 이처럼 애플은 전통적인 시계라는 도구를 통해 온라인 공간, 일상에서의 경험, 사람과의 네트워크라는 새로운 가치와 경험을 제공하고 있다.

아이폰이 등장한 지 13년 후, 2020년 8월 애플의 시가총액은 2조 달러를 돌파했다. 한 국가에 상장된 기업의 전체 시총을 모두 더해서 국가별 시총을 계산했을 때 선진국 중에서도 선진국들의 모임이라 일컫는 G7의 바로 다음, 즉 G8에 위치할 만한 규모다. 한국 코스피에 상장된 전체 기업의 시총보다 큰 금액으로, 이는

곧 한국 기업을 다 팔아도 애플이라는 회사 하나를 살 수 없다는
뜻이다.

　세계 기업들의 시총 순위를 10년 단위로 살펴보면 주도산업의
변화를 더욱 뚜렷하게 볼 수 있다. 과거 대형 장치산업, 석유산
업, 금융산업 등이 주도하던 자본시장은 2020년대 들어 IT를 기
반으로 한 기술기업에 주도권이 완전히 넘어갔다. 오늘날 상위

〈시기별 글로벌 시총 순위 변화〉

순위	1980	1990	2000	2010	2020
1	IBM	NTT	GE	페트로차이나 (PetroChina)	마이크로소프트
2	AT&T	도쿄미쓰비시 은행	시스코시스템스	엑손모빌	애플
3	엑손 (Exxon)	일본산업은행	엑손모빌	마이크로소프트	아마존
4	스탠더드오일	미쓰이스미토모 은행	화이자	ICBC	알파벳(구글)
5	슈룸버거 (Schlumberger)	토요타	마이크로소프트	애플	알리바바
6	셸 (Shell)	후지은행	월마트	BHP	페이스북
7	모빌 (Mobil)	다이이치간교 은행	시티그룹	월마트	텐센트
8	ARCO	IBM	보다폰 (Vodafone)	버크셔헤서웨이	버크셔헤서웨이
9	GE	UFJ은행	인텔	GE	비자
10	이스트먼코닥	엑손	로열더치셸	차이나모바일	존슨앤존슨
주도산업군	석유, 통신, 컴퓨터, 대형산업재	금융, 자동차, 석유	대형산업재, 석유, 통신, 컴퓨터	석유, IT, 금융	IT
국가	미국	일본	미국	미국, 중국	미국

10개 기업 중 7개는 처음부터 디지털 기술을 바탕으로 비즈니스 모델을 구축한 '디지털 네이티브' 기업들이다. 이들은 디지털 플랫폼으로 새로운 고객가치를 창출하고 기존 기업들이 지배하던 영역을 빼앗아 엄청난 성장과 성과를 만들어내고 있다. 세계의 이목이 BMW보다 우버에, 힐튼 호텔보다는 에어비앤비에 쏠리는 이유다.

디지털 기술로 변화의 중심축이 옮겨가고 디지털 기업이 시장을 종횡무진하는 오늘날은 가히 '디지털 전환의 시대'라 할 만하다. 그에 따라 경쟁환경도, 성공전략도 바뀌고 있다. 대형 제조시설을 기반으로 '규모의 경제'를 추구하던 기존 기업들은 '한계비용 제로'를 실현하는 디지털 플랫폼에 잡아먹히고 있다. 기술에 따른 정보처리 표준화가 확장되고 있으며, 동시에 모든 산업 영역에서 진입장벽이 낮아져 누구나 손쉽게 시장에 뛰어들 수 있게 되었다. 이 모든 것이 디지털을 매개로 일어나는 변화다. 디지털로 전환하는 데 성공한 기업에는 '승자독식'이라는 엄청난 보상이 주어지기도 한다. 물론 성공하지 못한 기업은 2위에 안주하거나 명맥을 유지하기 힘들어질 것이다. 말 그대로 승자독식의 시대이기 때문이다. 모든 기업이 예외 없이 기존의 경영전략에 안이하게 기대지 말고 디지털 전환 시대의 전략을 체득해야 하는 이유다.

한계비용 제로의 시대

기술은 기업이 투입물(input)을 산출물(output)로 바꾸는 수단이다. 시대별 시가총액 순위의 변화는 기업이 자원을 활용해 제품과 서비스를 만들어내는 과정에 디지털 기술을 많이 반영할수록 시장지배력이 강화되는 시대가 됐음을 보여준다.

정보기술, 특히 디지털 기술을 기반으로 제품/서비스를 제공하는 기업이 전통적인 기업들과 다른 점은 한계비용 감소의 법칙이 다르게 적용된다는 데 있다. 한계비용은 생산이 한 단위 증가할 때 필요한 비용 증가분을 가리키며, 대개는 생산량이 증가할수록 비용 상승률은 낮아진다. 예를 들어 자동차 회사가 자동차를 1만 대 생산할 때와 100만 대 생산할 때를 비교해보면 원재료와 노동비용이 늘어나 전체 생산비용도 증가한다. 하지만 고정비용은 그대로인 상태에서 생산량이 증가함에 따라 시설 가동률이 올라가고 생산과정에서 학습효과가 발생하므로 단위당 생산비 상승률은 낮아진다. 제조업을 영위하는 기업들의 핵심적인 비즈니스 모델이 바로 이것이다. 대량생산으로 생산단가를 낮추어 마진율을 확보하는 것이다.

디지털 기술 기반의 기업들은 제조업 기반의 기업에 비해 훨씬 더 이른 시점에 한계비용 상승률이 줄어들기 시작한다. 버크셔해서웨이를 이끌고 있는 워런 버핏이 마이크로소프트의 빌 게이츠를 만나서 소프트웨어 제품은 가격을 어떻게 매기느냐고 질문했다는 일화가 있다. 소프트웨어 제품의 원가는 투입 자원의 가격에 의해 결정되지 않는다. 다시 말해 자동차는 철판 가격이 실제 원가에서 차지하는 비중이 크지만 소프트웨어는 제품을 담고 있는 CD 가격이 원가에 미치는 영향이 미미하다. 이 때문에 디지털 기술이 가치전달의 핵심인 기업들은 제조업에 비해 높은 영업이익률을 보이는 경우가 많다. 2020년 기준으로 애플, 구글, 마이크로소프트와 같은 기업의 영업이익률은 20%를 상회한다.

나아가 스스로 제품을 생산하지 않고 플랫폼을 통해 가치를 창출하는 기업들은 전통적인 이익창출의 공식을 따르지 않는다. 사실상 한계비용 제로라 할 수 있다. 공유숙박 서비스인 에어비앤비는 자기 집을 빌려주고자 하는 호스트와 그 집에 머물고 싶어 하는 게스트를 인터넷 플랫폼상에서 '연결'하는 비즈니스를 하고 있기에, 빈 방이 추가되더라도 한계비용은 제로에 가깝다. 기존 택시 회사들은 사업 규모를 키우려면 추가로 차량을 구입해야 하고, 그 차량을 운행할 기사들에게 월급도 지급해야 한다. 그러나 차량공유 서비스인 우버는 차량 소유주가 자신의 차량을 우버의 플랫폼에 등록하면 되므로 한계비용이 제로에 가깝다.

이처럼 디지털 플랫폼 기업들은 사람과 사람을 연결하는 기술을 이용해 한계비용을 제로 수준으로 떨어뜨리며 전통적인 기업들과는 전혀 다른 형태로 사업을 펼쳐가고 있다. 이제 기업들은 사실상 '한계비용 제로 시대'를 맞이해서 기존의 비즈니스 모델을 새롭게 전환해야 한다. 대량생산을 통해 생산단가를 낮춰가던 시대에서 사람과 사람을 연결하고, 그 연결을 바탕으로 가치를 만들어가는 시대로 옮겨가는 패러다임의 대전환은 이미 시작되었다. 이 흐름을 외면한 채 기존 비즈니스 모델에 집착하다가는 미래 성장동력을 만들 기회를 놓칠 수 있다.

데이터와 기술이 없으면 혁신도 없다

물류산업에서 최고의 혁신으로 여겨지는 사건은 바로 '컨테이너'의 등장이다. 다양한 크기의 제품을 일정한 규칙 없이 선적하던 화물운송 방식은 규격화된 철제 컨테이너를 도입하면서 혁명적인 변화를 맞이했다. 단위가 규격화되면서 해상과 육상 운송이 쉽게 연결되었고 크기가 서로 다른 운송수단 사이의 전환도 한결 용이해졌다. 예를 들어 중국에서 대형 조각상을 실어서 미국으로 보내려면 중국 공장에서 중국의 항구로 옮기고, 미국 항구까지 벌크선으로 실어 나른 다음, 다시 최종 도착지까지 이동하게 된다. 이 과정에 최소 3가지 이상의 운송수단이 활용되는데, 그때마다 화물의 사이즈 때문에 어려움을 겪기 일쑤였다. 그런데 규격화된 컨테이너가 도입되면서 어느 나라 어느 운송수단이든 화물에 대해 모두 같은 정보를 가지게 되었다. 그에 따라 화물 처리속도가 빨라지고, 결과적으로 물류비용이 대폭 낮아졌다.

컨테이너가 보여준 표준화와 그에 따른 확장성은 다름 아닌 디지털 기술의 장점이기도 하다. 그리고 오늘날의 디지털 기술은 과거 컨테이너가 실현한 것 이상의 혁신을 보여줄 수 있다. 단, 이 혁신을 이루려면 반드시 필요한 것이 있다. 바로 데이터와 기술이다.

디지털 전환에 대해 이야기할 때 누구나 '데이터'를 빼놓지 않는다. 산업혁명 시대에 원유가 산업의 원동력이었다면, 이제는 손안의 스마트폰으로 쏟아지는 개개인의 데이터가 기업이 혁신하는 원동력이 될 것이라는 데에는 아무도 이견을 내놓지 않을 것이다.

외부의 고객 데이터뿐 아니라 조직 내부의 데이터를 활용하려는 시도도 늘어나고 있다. 기업 조직은 한편으로 정보의 집합체다. 조직은 사람들이 모여서 이루어지고, 사람들은 끊임없이 데이터를 만들어낸다. 그 데이터란 누군가의 머릿속에 생각으로 존재할 수도 있고, 포스트잇 위에 쓰여진 내용일 수도 있다. 장부에 적어둔 매출 기록, 고객 정보, 재고 현황 등 조직에서는 수

많은 정보가 만들어진다. 이렇게 모인 정보는 개인의 기억에 저장되기도 하고 문서에 기록되기도 하며 회사 서버에 보관되기도 한다. 조직 규모가 클수록 정보처리의 양과 복잡성도 증가한다. 하지만 통일되지 않은 형태의 데이터는 조직의 여기저기에 흩어져 있을 뿐 누구도 활용할 수 없다.

흔히들 조직 성공의 열쇠로 권한위임과 동기부여를 이야기한다. 구성원들이 의사결정 과정에 적극적으로 참여하고 스스로 목표를 설정함은 물론 성과평가와 보상까지도 조직의 하부단위에서 스스로 결정하게 하여 생동감 있는 조직을 만드는 데 권한위임과 참여의 문화는 필수적이다. 하지만 단순히 구성원 스스로 의사결정을 하라고 맡겨두는 것으로는 권한위임이라고 보기 어렵다. 각자의 위치에서 합리적인 판단을 내리려면 필요한 정보를 볼 수 있어야 하고 의사결정을 도울 수단도 필요한데, 전통적인 조직의 위계구조에서는 다른 부서나 상부의 정보를 참고하기가 어렵다. 설령 그런 정보를 볼 수 있다고 해도 부서와 계층별로 업무 스타일과 정보처리 방식이 달라서 정보를 이해하고 해석하기가 결코 쉽지 않다.

그렇기에 아날로그 형태로 존재하던 데이터를 디지털로 전환해 데이터의 단위를 표준화하는 디지털화(digitization)와 구성원들이 그 데이터의 존재를 알게 하는 것은 디지털 전환을 수행하기 위한 첫걸음인 동시에 조직혁신의 중요한 시작점이다.

디지털 기술은 기업 조직의 다양한 층위에서 실시간 생성되는 정보를 쉽게 모으고, 빠르게 공유하고, 현장에서 활용할 수 있도록 해준다. 디지털 네이티브라 불리는 기업이나 디지털 전환으로 조직문화와 성과의 도약을 이룬 기업들은 조직 안팎의 데이터 흐름을 디지털 기술로 통합하는 데 능숙하다. 정보혁명 시대에 정보를 확보하고 다루는 능력은 모든 기업의 가장 강력한 무기다.

문제는 많은 조직들이 디지털 기술 그 자체를 디지털 전환으로 착각한다는 것이다. 기업이 도입하는 디지털 기술은 디지털 전환의 필요조건일 뿐 그 자체가 아니다. 마치 배트와 글러브가 야구라는 스포츠에 꼭 필요한 장비이지만 그 자체가 야구는 아닌 것과 같다. 같은 맥락으로 기업의 새로운 홈페이지나 앱, IT시스템, AI, 머신러닝, VR, AR 등은 자주 인용되는 디지털 전환의 도구들이지만 비싼 돈을 내고 이런 기술을 도입한다고 해서 디지털 전환에 성공할 수 있는 것은 아니다.

기업의 속성과 제공하는 제품/서비스에 따라 디지털화 정도는 다를 수 있다. 예컨대 페이팔이나 로빈후드와 같은 핀테크 기업들은 가치사슬의 거의 전부를 디지털화할 수 있다. 반면 아마존과 알리바바 등의 온라인 유통업체들은 고객들이 사용하는 플랫폼과 물류관리를 완전히 디지털화했지만 고객에게 상품을 배송하는 마지막 단계에는 디지털화할 수 없는 영역이 존재한다.

(물론 '마지막 1마일last-mile'이라 하는 최종 배송에도 인공지능 로봇과 드론 등 디지털 기술을 적용하려는 노력이 이어지고 있다.) 스타벅스와 같은 기업은 자체 앱을 통해 원격으로 커피를 주문하고 결제하는 시스템을 잘 활용하고 있지만 커피를 마시는 경험 자체는 디지털보다는 아날로그적 요소가 많다. 실제로 스타벅스는 리저브 매장을 운영하는 등 커피를 즐기는 아날로그적 감성과 기업 이미지를 유지해 디지털화와 균형을 꾀하고 있다. 그밖에도 앞으로 소개할 사례 중에는 화려한 디지털 기술을 활용하지 않고도 디지털 전환에 성공한 경우가 많다. 많은 데이터와 최신 기술을 보유하면 가치를 만들어내는 데 유리할 수 있지만, 지엽적인 부분에 집중하다 보면 큰 흐름을 놓치기 쉽다.

디지털 전환은 'transformation'이라는 단어가 보여주듯 조직에 '변화'를 가져오는 것이다. 그리고 변화의 방향은 기업이 추구하는 고유한 가치에서 시작한다. 나이키의 기업 미션은 운동을 하는 모든 사람에게 영감을 제공하고 성과를 높일 수 있도록 도움을 주는 것이다. 수수료 없는 주식거래를 개척한 로빈후드의 미션은 모든 사람의 재무관리를 민주화하는 것이다. 자신의 미션을 수행하기에 적절한 데이터와 기술을 결합해 변화된 디지털 세상에 꼭 필요한 가치를 만들어내는 능력이야말로 기업의 강력한 성공요인이다.

진입장벽이 사라진다

하버드 경영대학원 교수이자 경영전략 분야 최고의 학자로 평가받는 마이클 포터 교수가 고안한 산업구조분석모형(5 Forces Model)은 산업의 수익성에 영향을 미치는 5가지 요소 중 하나로 '진입장벽'을 꼽는다.[3] 규모의 경제, 사업을 시작하는 데 필요한 자본의 크기, 기존 사업자가 구축한 물류망, 정부의 규제 및 인허가 등 다양한 요인이 진입장벽의 높이를 결정하는데, 기존 기업들을 보호해주던 진입장벽이 기술적 변화로 이곳저곳에서 약해지고 있다.

금융권은 예로부터 진입장벽이 높은 산업으로 인식되었다. 그런 만큼 불과 몇 년 전까지만 해도 신한이나 국민과 같은 거대 금융사들이 카카오와 네이버 등 외부의 신규 진입자들 때문에 고민할 거라고는 상상도 못했을 것이다. 그러나 카카오, 네이버 등 소위 '빅테크(Big Tech)'라 불리는 기업들은 강력한 플랫폼을 기반으로 금융 시장에 진출해 기존 금융사들을 위협하고 있다.

가장 적극적으로 금융업에 진출해 영역을 넓혀가는 회사는 카카오다. 카카오는 은행사업을 중심으로 이제는 보험과 증권 등 금융산업 전반에 걸쳐서 다양한 서비스를 내놓고 유의미한 성과를 빠르게 만들어내고 있다. 카카오뱅크는 하루 평균 1만 4000명의 신규계좌 개설 고객을 모집하며, 2년도 채 안 되어 고객

1000만 명을 확보했다. 디지털 네이티브들이 선호하는 '비대면' 기반의 혁신적인 금융상품을 다채롭게 선보이고, 여기에 기존의 금융권이 주지 못했던 '재미'를 더해 호응을 얻었다. 대표적인 사례가 카카오뱅크의 26주적금이다. 카카오 프렌즈의 인기 캐릭터들과 함께 26주 동안 게임하듯이 매주 금액을 늘려가며 납입하는 상품으로, 특히 20~30대에게 폭발적인 반응을 불러왔다.

디지털 전환 시대에 중요한 것은 누가 데이터를 가지고 있느냐다. 기존의 금융권은 고객 데이터를 '보호해야 할 대상'으로 여겨 정보를 가두는 데 급급한 반면, 빅테크 기업은 자신의 생태계가 보유한 데이터를 금융 서비스에 다양하게 활용한다. 규제의 정도가 다르기는 하지만, 이러한 관점 차이만으로도 디지털 전환 시대에 누가 더 유리할지 예상할 수 있다.

이처럼 진입장벽이 약화되고 신규 사업자가 들어오는 현상은 다양한 영역에서 전방위적으로 일어나고 있다. 신규 진입자들은 디지털 기술을 바탕으로 새로운 가치를 만들어내는 카카오나 애플과 같은 기업일 수도 있고, 유튜버처럼 디지털 기술 기반의 플랫폼을 활용하는 개인이나 작은 회사일 수도 있다. 디지털 기술의 발달과 플랫폼 기업의 약진은 대기업들이 독점하던 산업영역을 중소기업은 물론 개인에게도 열어주었다. 애플의 팟캐스트와 아이튠즈는 메이저 엔터테인먼트 회사가 아니라도 음악을 만들고 유통할 수 있게 해주었다. 유튜브는 누구나 자신의 콘텐츠를 만들어 구독자들에게 전달하고 광고 수익을 올릴 수 있는 플랫폼을 제공했다.

세계에서 가장 많은 수익을 내는 유튜브 채널은 'Ryan's Toy Review'다. 라이언이라는 어린이가 부모와 장난감을 가지고 놀면서 제품을 소개하는 영상을 주로 제작하는데 2019년에만 2200만 달러의 수익을 냈다고 한다.[4] 단순비교는 어렵지만 같은 해 한국의 대표적 방송사인 MBC가 1700억 원 이상의 손실을 기록하고 SBS의 영업이익이 7억 원 정도에 그쳤다고 하니[5] 디지털 기술로 신규 플레이어들이 얼마나 큰 기회를 맞고 있는지 실감할 수 있다.

더 중요한 것은 신규 플레이어의 침투로 오랜 업력과 경험, 규모의 경제에 의존하는 기존 산업의 보호장치가 하나씩 제거되고 있다는 점이다. 디지털 전환 시대 이전에는 규모의 경제가 자신의 영역을 지키고 차별화하는 주요 성장동력으로 활용돼왔다. 규모의 힘으로 가격을 낮추고 매출은 높이고, 높은 매출로 다시 평균 비용을 지속적으로 낮게 유지했다. 이런 선순환을 통해 진입장벽을 높이고 사실상 독점화가 가능했다.

그러나 이제 탈규모의 경제(economies of unscale)로 성장의 축이 빠르게 이동하고 있다. IT의 발전으로 주요 자산을 큰돈 들이지 않고 빌려 쓸 수 있게 되었고, 소비자들이 흘린 데이터를 빠르게 분석해 개개인의 니즈에 부응하는 대량맞춤화(mass customization)가 가능해졌다. 그에 따라 과거의 성장동력이었던 큰 규모의 자산이 빠르게 변화하는 시대에는 오히려 걸림돌이 될 우려가 커지고 있다. 허물 수 없는 물류망과 규모의 경제를 가진 거대 유통기업들을 아마존이 '온라인 쇼핑'으로 대체해버린 것처럼 말이다.

예를 들어보자. 자동차 산업은 경제학자들이 높은 진입장벽을 설명할 때 가장 많이 거론하는 분야 중 하나다. 엄청난 자본금을 바탕으로 한 높은 기술력, 고가의 제품을 구매하도록 유도하는 강력한 마케팅 전략 등이 필요해, 새로운 사업자가 진입하기 어려운 산업으로 늘 언급되곤 했다.

그런데 수십 년, 나아가 100여 년의 역사를 자랑하는 미국과 유럽, 아시아의 자동차 회사들이 최근 상호간의 치열한 경쟁을 넘어서는 더 큰 위기에 직면해 있다. 테슬라라는 작은 거인에 의해 견고했던 진입장벽이 무너지고 있기 때문이다. 2020년 7월, 미국 전기차 제조업체 테슬라의 시가총액은 글로벌 자동차 1위 기업인 토요타를 결국 뛰어넘었다. 주가뿐 아니라 전기차 시장 점유율에서도 테슬라는 기존 자동차 기업을 능가했다. 2020년 12월에는 애플이 전기자동차 시장 진출을 선언하는 등 자동차 산업은 IT 기업의 위협에 전방위로 노출되고 있다.

여기에는 자동차 산업의 패러다임 변화라는 배경이 있다. 최근 자동차 산업은 확장된 모빌리티 산업으로 변화하는 중인데, 그 중심에는 전기차로 대표되는 동력원의 변화와 자율주행 기술이 있다. 동력 구동방식에 복잡한 기술과 경험을 필요로 하던 내연기관은 친환경이라는 명분과 시대적 흐름, 그리고 기술 범용화의 흐름을 탄 전기차 업체의 도전을 받고 있다. 전기차는 그 자체로 IT기기와 같은 특징을 가진다. 아날로그 방식의 내연기관 엔진이 흡입-압축-폭발-배기의 과정을 거쳐 동력을 전달하는 반면, 전기적 신호를 통해 직접 모터를 구동하는 전기차나 수소전기차는 디지털 방식의 파워트레인을 갖추고 있다. 이런 특징 때문에 초고속 정보처리를 필요로 하는 자율주행 기술은 내연기관 차량보다는 전기차 방식에 더욱 적합하다.

전기차로의 이행은 자동차 업계를 가장 강력하게 보호했던 규모의 경제라는 진입장벽을 크게 낮추는 효과가 있다. 내연기관 자동차에는 3만여 개의 부품이 들어가는데, 전기차는 이 숫자가 절반에서 많게는 3분의 1까지 줄어든다. 덕분에 자동차의 설계와 제작은 간단해지고 공급망 관리의 어려움은 크게 줄어든다. 자동차가 IT기기화되어가는 현상은 더욱 위협적이다. 자동차의 구동은 물론 전자장비를 종합적으로 컨트롤하는 소프트웨어 시스템은 내연기관 자동차 업체들이 기술적 경쟁력을 확보하지 못한 영역이기 때문이다.

〈전기차와 내연기관차의 구성 및 관리항목 비교[6]〉

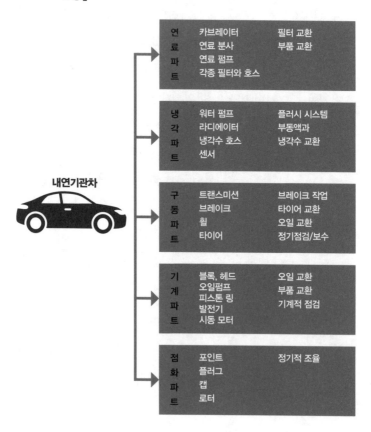

전기차 구동파트	트랜스미션 브레이크 휠 타이어	브레이크 작업 타이어 교환 오일 교환 정기점검/보수

VS.

내연기관차

연료파트	카브레이터 연료 분사 연료 펌프 각종 필터와 호스	필터 교환 부품 교환
냉각파트	워터 펌프 라디에이터 냉각수 호스 센서	플러시 시스템 부동액과 냉각수 교환
구동파트	트랜스미션 브레이크 휠 타이어	브레이크 작업 타이어 교환 오일 교환 정기점검/보수
기계파트	블록, 헤드 오일펌프 피스톤 링 발전기 시동 모터	오일 교환 부품 교환 기계적 점검
점화파트	포인트 플러그 캡 로터	정기적 조율

선도기업이 가진 경쟁우위가 도전받는 방식은 대개 두 가지다. 하나는 경쟁업체가 모방(imitation)하는 것이고, 다른 하나는 새로운 비즈니스 모델과 가치창출 방식에 대체(substitution)되는 것이다. 선도기업의 전략과 기술을 열심히 연구하고 따라 해서 어느 순간 그 기업보다 더 잘하게 되는 것이 모방의 기본적 과정이다. 미국과 유럽의 자동차 기업들이 일본과 한국의 회사들에게 받아온 도전이 여기에 해당한다. 반면 대체는 기존의 제품이나 서비스가 제공하던 가치를 다른 방식으로, 그리고 더 좋게, 더 싸게 제공해 기존 업체의 경쟁력을 허물어버리는 것이다. 내연기관 자동차 업체들에게는 전기차 업체의 출현이나 소프트웨어 회사들의 모빌리티 사업 진출이 이러한 위협에 해당한다.

대체의 가장 무서운 점은 마치 사람에게 심장마비가 오는 것처럼 언제 어디서 올지 모른다는 것이다. 이미 존재하는 제품이나 서비스는 신생기업에 의해 대체될 수도 있고, 경쟁자라고 여기지 않았던 다른 산업의 플레이어에 의해 대체될 수도 있다. 그래도 과거에는 대체로 유관 산업에서 사업을 확장하며 진입하는 경우가 많았기에 업력이 오랜 기업이라면 누가 잠재적 진입자인지 어느 정도 예측할 수 있었다. 예컨대 자동차 기업은 자신의 영역에 들어올 잠재적 경쟁자로 자동차 부품을 전문적으로 제작하는 회사나 오토바이 제조업체의 움직임을 예의 주시했다. 하지만 4차 산업혁명과 디지털 기술의 시대에는 위협이 어느 방향에서든 나타날 수 있다. 최종적으로 도전을 멈추긴 했지만 무선 청소기로 유명한 다이슨이 전기차 사업에 뛰어들려고 한 것이 대표적 사례다. 이처럼 새로운 경쟁자가 전혀 다른 영역에서 갑작스럽게 침투해 기존 경쟁자들의 시장점유율을 가져갈지도 모른다.

경쟁자가 들어오지 못하도록 높이 쌓아둔 진입장벽은 더 이상 과거와 같은 보호막이 되기 어렵다. 그보다는 오히려 우리 기업을 우물 안에 가둬버려 외부의 위협에 기민하게 대처하지 못하게 방해할 위험이 더 큰지도 모른다. 경영자라면 본인의 회사가 오랫동안 쌓아올린 진입장벽은 여전히 견고한지 잘 생각해보아야 할 것이다.

나아가 이제는 기업이 자체적으로 컨트롤하고 키워가는 자산보다는, 외부의 수많은 생산자와 소비자를 연결하고 상호작용을 촉진하는 네트워크 효과가 더 큰 가치창출의 동력이 되고 있다. 전문가들은 애플과 구글도 자동차 산업에 뛰어들 것이라는 전망을 내놓았는데, 이들이 실제로 자동차를 조립 생산할 가능성은 낮아 보인다. 그보다 제품 제조는 다른 회사에 맡기고 기술력이 높은 자동차 운영체제를 만들어 보급하는 데 주력할 가능성이 높다. 자율주행 기술이 범용화될수록 자동차 산업의 주도권은 소프트웨어 업체로 넘어갈 것이다. 컴퓨터 수천만 대를 생산할 수 있는 제조회사와 컴퓨터 운영체제를 생산하는 마이크로소프트 중 어느 기업이 지배적 위치를 점했는가 생각해보라.

관련 다각화의 기준이 달라지고 있다

산업간 경계의 약화는 필연적으로 사업의 다각화를 촉진한다. 과거에는 진입장벽이 높았기에 쉽게 결단하지 못했던 다각화가 더욱 확대될 수 있다.

실제로 산업 경계를 넘나드는 과감한 다각화가 추진되면서, 회사의 이름마저 바꾸는 경우가 늘어나고 있다. 요즘 소위 잘나간다는 기업들을 보면 이름만으로는 무엇을 하는 회사인지 알기 어려운 경우가 많다. 이미 너무 유명한 기업들이지만 구글, 카카오, 애플 등의 회사명에는 주요 사업이나 산업명이 들어 있지 않다. 현대자동차나 삼성전자, GE(General Electric) 등과 비교해 보면 그 차이가 보인다. 애플의 경우는 '애플 컴퓨터'에서 '컴퓨터'를 떼어냈다. 아이폰과 아이튠즈 등 비컴퓨터 분야 사업의 비중이 커진 회사의 상황을 반영한 것이다.

사업 다각화라는 전략도 시기에 따라 유행이나 흐름이 있었다.[7] 1970년대에는 세계적으로 거대기업의 다각화가 넘쳐났다. 많은 기업이 다각화를 통해 규모를 키우고 가치사슬의 전방과 후방을 통합하며 시장지배력을 확대했다. 또한 서로 연관성이 없는 사업을 다수 보유해 산업별 경기변동에 대처하는 리스크 관리 수단으로 활용하기도 했다.

이러한 다각화 흐름은 1980년대에 접어들면서 정반대로 뒤집어졌다. 언론과 경영컨설팅 업체들은 본업에 충실한 전략이 광범위한 다각화보다 우월하다는 논리를 폈고, 사업을 다각화한 기업의 주가가 평가절하되기도 했다. 이러한 흐름은 특정 산업에 전문성을 보유한 주식 애널리스트들이 산업의 경계를 넘어 다각화하는 기업들을 상대적으로 저평가해온 경향에도 원인이 있다.[8] 그에 따라 많은 미국 기업이 1980년대 후반과 1990년대에 역다각화(de-diversification)를 진행해 핵심사업의 경쟁력을 강화하는 전략적 흐름을 보였다. 큰 흐름에서 보면 다각화의 시대에서 역다각화의 시대(혹은 효율화의 시대)로의 전환이라 할 수 있다.

하지만 최근에는 이러한 경향이 다시 뒤집어지는 모습을 보인다. 디지털과 IT를 필두로 한 기술 발전에 따라 복합적 서비스를 제공할 필요성이 높아지면서 산업간 경계를 넘나드는 활동이 늘어나고, 그런 기업을 보는 세간의 시선도 한결 관대해지고 있다. 특히 플랫폼 기업의 경우 IT 플랫폼에서 다양한 서비스를 제공하는 것이 당연하게 여겨지면서 다른 산업에 적극 진출하고 있다. 디지털 시대의 선도기업들은 과거의 기준으로는 관련성 없어 보이던 사업들 사이에서 전혀 새로운 관련성을 찾아내고 있다. '관련 다각화'의 기준이 달라진 것이다.

진입장벽의 약화에 따른 분야별 경계의 축소는 유통분야에서도 잘 드러난다. 과거 제품군이나 판매형태에 따라 각각 산업적 경계가 뚜렷했던 유통업은 전자상거래가 확대되면서 각 카테고리가 가지고 있던 고유의 진입장벽이 크게 허물어졌다. 이 변화의 선두주자는 물론 아마존이다.

책과 CD로 시작한 아마존은 세상의 온갖 물품을 취급하며 미국 온라인 쇼핑의 절반 이상을 책임지고 있다. 더 흥미로운 점은 아마존 매출의 50% 이상이 잘 알려진 대로 온라인 쇼핑부문에서 나오지만, 매출로는 11%에 불과한 아마존의 클라우드 서비스(Amazon Web Service, AWS)가 전체 회사 이익의 66%나 차지한다는 사실이다.[9] 자사의 온라인 쇼핑을 관리할 목적으로 시작했던 AWS는 그 자체로 엄청난 사업 잠재력을 보여주었고, 아마존은 전자상거래 기업에서 기술플랫폼을 파는 기업으로 자연스럽게 다각화를 이루어냈다.

더 단적인 예는 구글이다. 구글의 본령은 인터넷 검색이지만, 이 분야에서 다진 압도적 시장점유율과 기술적 우위를 바탕으로 컴퓨터와 소프트웨어 등 인접 분야로 사업을 확장했고, 이제는 자율주행과 자동차 운영시스템 등으로 영역을 넓혀가고 있다. 잘 알려진 바와 같이 구글이 2006년 16억 5000만 달러에 인수한 유튜브는 동영상 공유 플랫폼을 넘어 미디어 산업 전반을 재편하고 있다. 이처럼 다양한 사업을 효율적이고 통합적으로 관리하기 위해 구글은 알파벳(Alphabet)이라는 지주회사를 출범했다. 우리에게 잘 알려진 구글이라는 회사도 지배구조상 알파벳이라는 지주회사에 편입되어 있다. 국내에서는 카카오와 같은 플랫폼 기업이 사업 분야를 전방위로 확대하고 있다. 무료 메신저 서비스로 사용자를 확보한 카카오는 택시와 대리운전으로 대표되는 O2O(online to offline) 서비스와 온라인 게임은 물론 은행 및 금융업까지 진출했다.

이들 IT 기업 및 플랫폼 기업의 다각화는 더 이상 과거와 같이 평가절하 요인이 되지 않는다. 오히려 사업 간의 시너지와 수익성을 근거로 미래 전망이 밝다고 평가받는다. 이는 디지털 전환 시대의 특성 때문이기도 한데, 다각화가 과거와 같이 기업의 규모를 키우고 사업 리스크를 낮추는 차원에 그치지 않고 각 사업이 필요로 하는 자원과 역량을 효율적으로 공유함으로써 시너지 효과를 일으키는 데까지 나아갔기 때문이다. 한마디로 기업의 이익에 긍정적인 효과를 줄 수 있다는 것이다.

잘 알려진 표현으로 '문어발식 기업경영'이라는 말이 있다. 본업과 무관한 분야에 무분별하게 들어가 덩치를 키우는 경영방식에 대한 비판적인 어조를 담고 있는데, 이런 문어발식 경영에 대한 인식이 변화하고 있다. 물론 문어라고 다 같은 문어는 아니다.

사업부 사이에 자원공유를 잘하고 시너지 효과를 낼 수 있을 때 긍정적인 평가도 받고 기업 이익도 향상시킬 수 있을 것이다.

2위는 의미 없다

디지털 기술로 인해 전통적인 영역의 진입장벽이 극도로 낮아지고 있는 반면, 디지털 플랫폼 영역에서는 정반대 현상이 나타나고 있다. 디지털 기술로 초기에 플랫폼 시장을 장악한 IT 기업들은 다른 방식으로 진입장벽을 더 튼튼하게 만들고 있다.

넷플릭스의 경쟁자는 누구일까? 어떤 이는 유튜브를, 누구는 2019년에 디즈니가 야심차게 출시한 디즈니 플러스를 이야기할지 모른다. 하지만 미디어 전문가들은 넷플릭스의 경쟁자가 '수면 시간'이라고 말한다. 이미 미디어 공룡이 되어버린 넷플릭스의 경쟁자는 사실상 없을지 모른다는 뜻이다.

'디지털'이라는 눈에 보이지 않는 자산을 기반으로 성장하는 IT 기업들이 산업계의 주류로 등장하면서, 이들이 진입한 시장에 승자독식 구조가 급격히 형성되고 있다. 디즈니 플러스 등 많은 경쟁 서비스가 등장했음에도 넷플릭스는 2020년에도 끄떡없이 60%가 넘는 시장점유율을 유지하고 있다. 아마존은 한국 총인구의 2배가 넘는 1억 1000만 명의 유료 프라임 회원을 보유하며 미국 전체 전자상거래 시장 매출의 약 35%를 점유하고 있다. 후발주자인 월마트와 이베이의 점유율은 고작 4~5%로 비교 자체가 어렵다.

당신이 처음으로 소셜미디어 계정을 만든다고 생각해보자. 모르긴 몰라도 페이스북이나 인스타그램 앱을 가장 먼저 다운로드할 가능성이 높다. 소셜미디어 관리 플랫폼 훗스위트(Hootsuite)가 발표한 자료에 따르면, 소셜미디어를 이용하는 미국 성인의 70% 이상이 페이스북을 이용하고 있으며, 이들 중 74%가 매일 페이스북에 들어온다. 최근 들어 '한물간 소셜미디어'라는 인식이 생기고 게시물 정책을 둘러싸고 잡음도 있지만, 여전히 페이스북은 가장 넓은 지역을 포괄하며 영향력도 가장 큰 소셜미디어 플랫폼이다.

소셜미디어 서비스는 네트워크를 통해 자신의 일상, 생각, 경험 등을 가족, 친구, 지인들과 '공유'하는 게 주목적이다. 아무와도 공유하지 않을 거라면 그냥 일기장에 쓰면 된다. 즉 아무도 없는 소셜미디어에 가입하고자 하는 사람은 없다고 봐야 할 것이다. 그래서 소셜미디어를 시작하려는 사람은 지인들이 이미 많이 이용하는 서비스를 선택할 수밖에 없다. 이것이 바로 네트워크 효과다. 마찬가지로 차량공유 서비스나 음식 배달 서비스를 선택할 때 네트워크 효과를 이미 구축한 기업일수록 더 많은 고객과 서비스 제공자를 확보할 가능성이 크다. 고객은 서비스

〈2020년 페이스북 주요 지표〉

24억 1000만 명
월간 활성사용자
24억 1000만 명

전 세계 가장 많이 방문한 사이트 3위
3위

71%
미국인 성인 이용자 71%가 페이스북 이용

방문자의 일평균 이용시간 38분
38분

74%
페이스북 이용자의 74%가 매일 로그인

미국 성인의 52%는 페이스북에서 뉴스를 접함
52%

3억 명
매일 3억 명이 페이스북 스토리 이용

월 평균 13개의 포스팅에 '좋아요' 누름
13개

11개
평균 11개의 광고 클릭

페이스북 포스팅의 평균 참여율은 3.6%
3.6%

자료출처 | 훗스위트, openads.co.kr에서 재인용

당신이 DT를 알아야 하는 이유 : 디지털 전환이 불러올 경영환경의 변화

제공자가 많은 플랫폼을 골라야 쉽고 빠르게 서비스를 이용할 수 있다. 같은 이유로 운전자나 식당도 많은 고객이 사용하는 플랫폼에 몰릴 수밖에 없다.

네트워크 효과는 같은 제품/서비스를 사용하는 소비자가 늘어날수록 효용이 급격히 증가한다. 한 명의 유저가 페이스북에 가입해서 5명의 지인과 친구를 맺는 순간 네트워크 가치는 0에서 36이 된다. 페이스북에서 한 명의 가입자가 평균 130명과 친구를 맺는다고 했을 때, 연결가치는 자그마치 1만 7161까지 올라간다. 이와 같은 네트워크 효과 덕분에 페이스북 사용자가 1억 4000만 명에서 14억 명으로 10배 늘어났을 때 기업가치는 40억 달러에서 약 2100억 달러로 50배 이상 뛰어올랐다.

이 모든 현상이 나타난 결과 소수의 기업에 전체 이익이 집중되고 있다. 네트워크 효과가 일어나는 산업에서 일정 규모 이상의 사용자를 생태계에 끌어들여 유지할 수 있다면, 설령 비슷한 유형의 경쟁자가 나타나도 순위가 뒤바뀌기는 쉽지 않다. 국내 검색포털 시장에서 네이버가, 그리고 모바일 기반 메신저 시장에서 카카오가 압도적인 시장점유율로 시장을 독식하고, 주변에 2위 기업이라 불릴 만한 경쟁자조차 없는 것도 그런 이유다.

맥킨지는 비금융 기업 2393곳이 2010~14년 동안 거둔 연간 이익을 조사한 결과 기업이익이 극심하게 양극화되고 있음을 발견했다.[10] 대다수 기업이 연간 5000만 달러에 못 미치는 이익을 얻은 반면, 극소수 기업들은 평균보다 30배 많은 수익을 올렸다. 이는 표본으로 조사한 기업이 거둔 전체 수익의 90%에 달하는 비중이었다.

물론 이익을 독식하는 기업이 모두 IT 기업은 아닐 것이다. 또한 최고의 이익을 내는 기업은 기본적으로 다른 기업이 쉽게 넘보지 못하는 다양한 경쟁우위를 확보하고 있다. 그러나 지금까지 살펴본 디지털 전환 시대의 특성이 이익의 양극화를 가속화하는 것 또한 분명해 보인다. 디지털 기술로 무장한 기업들은 한계비용 감소의 로직과 높은 이익률을 바탕으로 약진하고 있다.

많은 산업군의 진입장벽이 약해지면서 예상치 못한 회사들도 새로운 개념의 제품/서비스를 들고 들어와 기성업체의 시장을 빼앗고 있다. 그중에서도 디지털 선도기업들은 IT 기술을 활용해 고객과 데이터를 모으고 분석해서 새로운 사업기회를 창출한다. 이들은 고객에게 물어보는 것이 아니라 데이터를 분석해 고객 자신도 몰랐던 니즈를 제공한다. 나아가 가치 창출의 플랫폼을 만들고 이를 통해 네트워크 효과를 구축함으로써 독점적 이익을 확보한다. 이들이 새로운 카테고리의 대명사로 인식되며 시장에서 공고한 지위를 확보하면 웬만한 공격으로는 무너뜨리기 어려운 기업이 될 것이다. 과연 이들과 어떻게 경쟁할 것인가?

디지털 네이티브가 아니어도 디지털 전환은 가능하다

문제는 절대다수의 기업이 디지털 네이티브가 아니라는 것이다. 오히려 대부분의 기업들은 디지털 기업의 공세에 방어막을 치고 대응하지 않으면 안 되는 상황이다. 그러다 보니 디지털에 대한 정서적 반감이 생기기도 한다.

더욱이 이들 중 상당수는 디지털 기술이나 IT 기술이 그다지 발전하지 않았던 때 성공적으로 사업을 영위해왔다. 이런 성공 경험을 놔두고 사업 프로세스를 통째로 디지털화하는 것은 결코 쉽지 않을 것이다. 디지털 전환을 결심한다 해도 어떻게 할지 실행은 또 다른 문제다. 그런데도 디지털 전환에 뛰어들어야 할 이유가 있을까? 우리 회사는 구글, 아마존, 페이스북과 별로 관계도 없고 IT 기술기업과 경쟁하지도 않는데 디지털 전환을 굳이 해야 하며, 가능하긴 한가? 레스토랑 사업을 하는 우리 회사에 먹을 수 없는 디지털 기술이 무슨 도움을 줄까?

하지만 이런 질문은 디지털 전환의 필요성을 느끼고 있으면서도 실제로 추진하지 않는 경영자가 가지는 일종의 방어기제이자 자기위안이다. '우리 회사는 디지털과 무관해'라는 태도로 하나하나 없어지는 다른 기업을 바라보기만 하다가 어느 날 당신의 사업이 강력한 디지털 기업에 잡아먹힐지도 모른다. 디지털 네이티브 기업들이 처음에는 나와 멀리 떨어진 시장에서 시작해

나의 공급자 시장에 침투하고, 결국 내 사업영역에 들어와 내가 생산하던 가치를 빼앗아 갈지도 모를 일이다.

움직이지 않고 구경만 하고 있을 때는 지났다. 도전이 있으면 응전이 있어야 한다. 적대적인 국가들 사이에 이런 일이 벌어졌다면 군비 증강을 통해 갈등이 더욱 깊어지거나 최악의 경우 공멸하는 일이 벌어질 수도 있지만 비즈니스 현장에서는 기술투자와 상호모방을 통해 기업이 만들어내는 가치가 커지는 선순환이 만들어질 수 있다.

실제로 어떤 산업에 속해 있든 이들 디지털 기업에게서 배울 점을 찾고 자신의 상황에 맞게 변형해 혁신을 만들어가려는 시도가 세계 곳곳에서 진행되고 있다. 전통적인 산업군에 속한 기업들의 디지털화, IT 기업화 흐름도 빨라지고 있다. 한때 제조업의 대명사와도 같았던 GE 역시 최근 IT 기업과 손잡고 산업인터넷 플랫폼 '프레딕스'(Predix)를 출시해 디지털 혁신을 가속화하고 있다. 금융계 대표주자인 비자 또한 핀테크 기술을 기반으로 IT 기업으로 거듭나는 중이다.

더욱 다행인 소식은, 전통적인 기업 가운데 변화의 흐름에 명민하게 대응해 제2, 제3의 전성기를 누리는 경우가 적지 않다는 것이다. 앞에서 소개한 존디어는 전통의 산업영역에서도 얼마든지 디지털 전환에 성공할 수 있음을 보여주는 훌륭한 사례다. 그

밖에 나이키, 스타벅스, 도미노피자 등 과거의 방식으로 성공한 기업이 디지털 전환 시기에 잘 적응하고 사업 성격에 맞는 디지털 기술과 데이터를 활용해 새로운 고객가치를 창출하고 기업성과를 한 단계 도약시킨 사례는 얼마든지 있다. 이들의 성공 스토리는 전통적인 방식의 비즈니스를 해온 다른 기업들에게 디지털 전환을 통한 생존과 성장의 가능성을 제시해준다. 이들을 통해 우리는 디지털 전환을 추진하는 방법을 배울 수 있다.

디지털 전환을 성공적으로 해내고 싶지만 무엇을 해야 할지 고민하는 조직과 개인들에게 실행 가능한 방안을 제시하기 위해 필자들은 조직변화 이론을 바탕으로 디지털 전환에 성공한 기업들을 분석하여 디지털 전환 추진 모델을 만들었다.

오른쪽 도표를 보자. 우리는 먼저 디지털 전환의 기본적인 철학에서 출발했다. 차별화된 고객가치와 경험을 중심에 두고 각각의 조직과 회사가 고객에게 어떤 가치를 만들어내기 위해 존재하는지를 좀 더 큰 틀에서 생각해보는 것이 그 출발점이다. 모든 조직은 이 존재가치를 효과적으로 추구하기 위해 전략을 짜고 이를 기업문화에 녹여낸다. 지금 하고 있는 사업과 역량 때문에 과연 우리 회사가 디지털 전환을 할 수 있을지 의문이 든다면 조직의 미션과 전략을 먼저 돌아보자. 좁은 시야를 벗어나 더 큰 업의 본질을 정의해보면 디지털이 고객가치를 향상시킬 방안이

〈디지털 전환 모델〉

차별화된 고객가치와
경험 창출

디지털 전환의 핵심철학 (자신만의 고객경험 및 가치 창출)
: 디지털화된 데이터와 기술, 시스템을 바탕으로 고객에게 더 나은 가치를 제공

| 전략 | 미션 | 기업문화 |

디지털 전환 청사진 (전략) :
디지털 전환으로 고객가치를 향상시키기 위해 경쟁력 있는 비즈니스 모델과 가치사슬을 구성

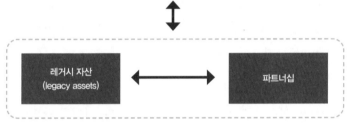

레거시 자산
(legacy assets)

파트너십

디지털 전환 역량 구축 :
1. 기존의 강점을 배가하는 디지털 역량 구축
2. 협력을 통해 부족한 디지털 역량 확보

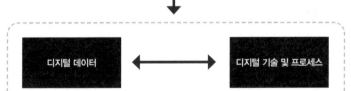

디지털 데이터

디지털 기술 및 프로세스

디지털 전환 구성요소 :
1. 아날로그 데이터를 디지털로 전환
2. 디지털 기술과 시스템을 이용해 기존 업무의 효율성을 높이고
데이터에 언제 어디서든 빠르게 접근

나올 것이다.

　관점과 태도의 변화에서 디지털 전환이 시작되지만, 그 수단이 되어줄 역량을 확보하는 것도 당연히 중요하다. 가장 먼저 조직의 데이터를 디지털화하고 이를 구성원 모두와 공유할 수 있는 기초적 시스템을 갖춰야 한다. 비싼 기술과 장비를 구입하지 않더라도 자기 조직만의 고유한 데이터가 여기저기 숨어 있음을 깨닫는다면 이를 활용할 수 있다. 디지털 전환 역량은 무에서 유를 창조하려는 확률 낮은 게임에 매몰되지 않고 현실적이고 승률 높은 전략을 짤 때 확보될 수 있다. 조직이 가진 기존의 강점과 자산을 디지털 기술로 끌어올리기 위해서는 내 자산목록의 진정한 가치부터 깨달아야 한다. 또한 모든 걸 내 손으로 하려 하기보다 외부 조직과 환경, 나아가 고객과의 파트너십을 맺음으로써 연결의 시너지를 이뤄낼 수도 있다. 고객을 만족시킬 유무형의 가치를 만들어내는 것이 기업 활동의 본질이고 디지털 전환의 철학이라면 모든 기업 활동에 고객의 생각을 반영하면 되지 않겠는가? 그리고 이 모든 활동의 궁극적 목적은 어떤 환경의 변화에도 능동적으로 적응 가능한 조직문화를 만들어내는 것이다.

　2부에서는 디지털 전환 추진 모델에 부합하는 다양한 분야의 성공 사례를 통해 디지털 전환의 9가지 법칙을 다뤄볼 것이다.

이 법칙들이 다양한 산업분야와 조직에서 어떻게 구현되었는지 살펴보면서 변화에 대한 셀프 체크리스트를 만들어갈 수 있을 것이다.

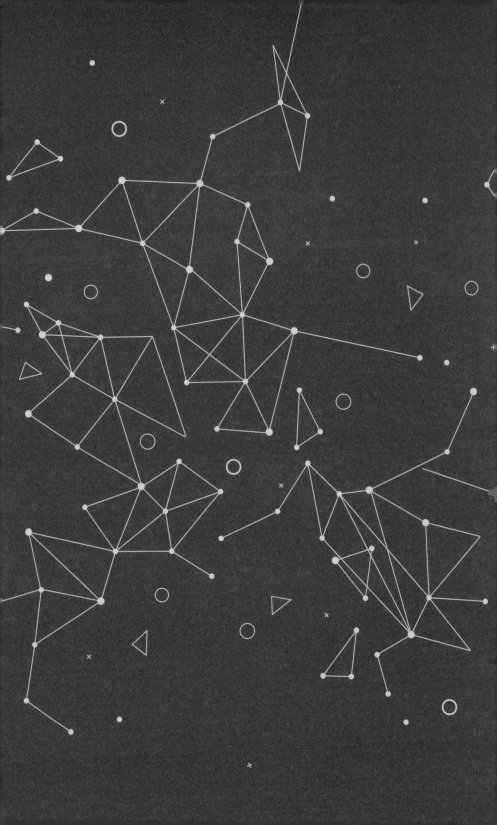

PART 2

디지털 전환의 9가지 법칙

: DT 시대의 혁신전략

법칙 1

디지털을 기반으로 비즈니스를 재정의하라

최고의 피자회사에서 최고의 피자배달회사로

'도미노피자'라는 회사의 이름을 들었을 때 '디지털 전환을 통한 혁신'의 이미지를 떠올리기는 쉽지 않다.

일반적으로 피자 레스토랑 사업은 높은 수익을 기대하기 어렵다. 당장 집이나 사무실 주변의 상권을 떠올려보면 알겠지만 소규모 자영업자를 포함해 수많은 업체가 경쟁하는 데다 진입장벽도 높지 않다. 경쟁이 치열해도 맛만 있으면 승산 있지 않느냐 생각할지 모르지만, 솔직히 특정 지역의 유명 맛집이 아니라면 레시피나 맛의 차이가 크지도 않다. 어느 업체가 잘나가는 메뉴를 개발해서 인기를 끌면 다른 매장에서도 비슷한 제품을 모방하는 일이 비일비재하니, 피자의 맛이나 레시피가 장기적인 수익성을 보장한다고 하기는 어렵다. 음식인 만큼 맛이 없어도 되는 것은 아니지만 피자의 맛 자체가 큰 차별성을 만들어내지는 못한다는 것이다.

그러다 보니 소비자의 선택을 받기 위해 많은 업체들이 쿠폰을 발급하는 등 가격경쟁에 나서게 되고, 영업비용의 상당 부분을 광고비로 지출한다. 여러모로 높은 수익성을 기대하기 어려운 구조다. 세계 최대 피자 체인인 피자헛은 수익성을 높이기 위해 배달과 포장에 중점을 두어 리모델링하는 등 개선 노력을 했지만, 기존의 가격경쟁 전략을 버리지 못한 채 출혈경쟁을 이어가는 바람에 매출은 오히려 더 떨어졌다. 여기에 코로나19 사태가 닥치자 결국 모기업인 NPC는 2020년 7월 파산보호를 신청하기에 이르렀다.

반면 또 다른 글로벌 피자 브랜드인 도미노피자의 혁신 노력은 피자헛의 행보와 사뭇 달랐다. 도미노피자는 성장을 위한 기회를 디지털 기술에서 찾았다.

그들은 먼저 가장 기본적인 질문으로 돌아갔다. 사람들은 언제, 왜 피자를 먹는가? 사람들이 피자, 특히 배달 피자를 주문하는 이유는 합리적인 가격에 손쉽게 주문해 간편하게 즐길 수 있기 때문이다. 가족이나 친구와 함께 스포츠 경기를 보거나 집으로 손님을 초대해 소소한 모임을 할 때, 아이들의 생일파티를 하거나 직장에 이벤트가 있어서 음식이 필요할 때와 같이, 비교적 편한 모임에서 여럿이 나눠 먹기 적당한 음식으로 배달 피자를 선택한다. 아주 중요한 행사나 이벤트가 아니고 지출도 크지 않기 때문에 피자 맛에 대한 기준이 그리 까다롭지는 않다. 손쉽게 주문해 원하는 시간에 음식이 준비되는 것이 더 중요한 기준이 된다.

2010년 도미노피자의 CEO로 부임한 패트릭 도일(Patrick Doyle)은 피자의 맛과 가격을 중심에 두면 디지털 기술을 적용할 여지가 크지 않지만, 주문과정과 배달에는 디지털을 통한 혁신의 가능성이 무궁무진하게 열려 있음을 깨달았다. 비즈니스의 본질적 특성을 성찰한 끝에 패트릭 도일은 자신의 회사가 '피자 회사이자 동시에 기술 회사'라고 선언했고, 맛과 가격으로 경쟁하는 데 그치지 않고 주문과 배달의 편의성에 혁신의 초점을 맞추었다.

도미노피자의 매장은 90% 이상이 프랜차이즈 형태로 구성되어 있다. 보통 프랜차이즈 기업은 본사 인력의 대부분이 프랜차이즈 망과 영업을 관리하는 직원, 그리고 마케팅을 담당하는 직원들로 채워지게 된다. 그러나 '기술 회사'를 천명한 도미노는 본사에 일하는 인력의 절반 이상을 소프트웨어 기술자로 채웠다. 그러고는 고객들이 편리하게 주문할 수 있는 시스템을 만드는 데 노력을 기울였다.

온라인으로 음식을 주문해본 경험이 있다면 주문하는 데 걸리는 시간이 길어질수록 최종적으로 주문 버튼을 누르게 될 가능성은 낮아진다는 사실을 알 것이다. 그래서 도미노는 고객이 어떤 플랫폼을 사용하더라도 최대 5번의 클릭으로 30초 안에 주문을 완료하는 것을 중요한 목표로 세웠다.

나아가 2013년에는 고객들이 자신이 늘 주문하는 피자 메뉴를 온라인상에 저장해둘 수 있는 도미노 프로파일을 선보였다. 자기가 가장 좋아하는 피자에 본인의 취향에 맞춰 토핑이나 사이드 오더를 추가해 저장해두면 다음번 주문 시 한결 간편하다. 또한 구글홈, 페이스북 메신저, 애플워치, 아마존 에코, 트위터 등 고객들이 많이 사용하는 소셜미디어나 디지털 플랫폼을 통해서도 손쉽게 피자를 주문할 수 있는 기술을 개발했다. 그림에서 보듯 페이스북 메신저나 트위터에서 피자 이모지를 도미노 계정에 보내기만 하면 도미노피자 홈페이지나 모바일 앱에 접속하지

메신저에서 피자 이모지를 보내는 것만으로 주문이 완료되는 도미노피자 (사진출처 : 도미노피자 홈페이지)

않고도 주문이 가능하다.

디지털 전환을 시도한 지 10년째인 2019년, 도미노피자의 글로벌 매출의 절반 이상이 온라인과 모바일 오더 등 디지털 채널을 통해 발생했고, 미국의 경우에는 이 비율이 65%에 달했다.[11] 패트릭 도일이 CEO가 된 직후인 2011년 1월 2일의 도미노피자 주가는 12.49달러였다. 그가 CEO 자리에서 물러난 2018년에는 200달러를 넘어섰고 2020년 9월 1일 도미노피자의 주가는 425.28달러가 되었다.

코로나 팬데믹 기간 동안 많은 레스토랑과 음식점 체인이 실적에 심각한 타격을 입었다. 전염병 발생 초기부터 본격적으로 방역을 펼치고 국민들이 정부 방침에 적극 협조해온 덕에 상대적으로 전염병 확산이 덜했던 한국과 달리, 미국과 유럽 국가들은 전면적인 경제활동 봉쇄조치(lockdown)를 취해야 할 정도로 사태가 심각했기에 방문 고객이 끊긴 레스토랑들이 큰 타격을 입은 것은 어쩌면 불가피한 결과였다. 그럼에도 도미노피자는 팬데믹 기간 동안 눈부신 실적을 거두었는데, 이미 10년 넘게 디지털 전환을 추진해왔기에 가능한 결과였다.

물론 도미노피자의 성공요인이 디지털 전환에만 있는 것은 아니다. 패트릭 도일이 CEO로 부임할 즈음 도미노피자는 맛이 없다는 혹평에 시달리고 있었고, 고객들의 불만을 듣고 제품을 개선하기 위한 노력을 게을리하지 않았다. 사실 고객 입장에서 내가 지불한 돈 정도의 맛을 내는 피자를 만드는 것은 기본 중의 기본이다. 하지만 이것은 도미노가 경쟁기업과 비슷한 출발선에 서도록 해줄 수 있을 뿐 경쟁에서 앞서도록 만들어주는 요소는 아니다. 쿠폰 발급과 마케팅 활동은 고객의 선택을 받는 데 중요하긴 하지만 가격을 낮추고 비용을 높이는 방식은 결국 수익성 악화로 이어져 제살 깎아먹기식 경쟁으로 이어질 뿐이다. 피자 헛이 그러했듯이 말이다.

도미노피자는 기존에 관행적으로 해오던 실적 개선 활동 대신 디지털 전환에 대한 CEO의 비전과 디지털 기술에 대한 집중적 투자를 통해 음식기업이 아니라 기술기업으로 스스로를 정의했다. 업의 본질을 새롭게 바라봄으로써 성장이 정체돼 있던 전통적 산업에서 놀라운 조직 혁신을 이뤄낼 수 있었던 것이다.

고객이 가져가는 가치를 새롭게 제안하라

초창기의 아마존은 지금 우리가 알고 있는 거대 온라인 리테일러가 아니었고, 지금처럼 엄청난 수익을 거두지도 못했다. 1994년에 창업했지만 2001년에 가서야 아주 적은 이익을 내기 시작했다. 사업 영역도 협소해서 당시 국내에서 아마존을 소개할 때에는 으레 '온라인서점'이라는 수식어를 사용하곤 했다.

1990년대와 2000년대 초반, 미국에는 닷컴 버블이 한창이었지만 열기에 비해 정작 전자상거래를 위한 인프라는 취약한 상태였다. 컴퓨터나 인터넷 보급도 지금과 비교할 수 없는 수준이었고, 배송을 위한 물류망도 지금처럼 촘촘하지 않았다. 그럼에도 전자상거래에 대한 언론과 업계의 장밋빛 전망 때문에 닷컴(.com)이라는 꼬리표를 단 수많은 온라인 리테일러가 생겨났다. 하지만 지금까지 장기간 생존해서 성장한 기업은 아마존 이외에는 찾아보기 힘들다. 아마존이 다른 기업들과 달랐던 점은 무엇일까?

당시 전자상거래는 취약한 물리적 인프라도 문제였지만 더 큰 걸림돌은 실제 물건을 구매해줄 고객들의 마음속에 있는 '불안'이었다. 눈에 보이지 않는 가게에서 얼굴 한 번 본 적 없는 판매자에게 미리 돈을 내고 제품을 구매한다? 전자상거래 습관이 없는 소비자로서는 주문하는 순간부터 물건이 도착해서 포장을 뜯어보기까지의 시간을 불안한 마음으로 기다릴 수밖에 없었다. 이 회사는 존재하기는 하는 걸까? 돈만 받고 물건을 보내지 않으면 어쩌지? 보내기로 한 제품을 제대로 보낼까? 화면에 보이는 모습과 실제 제품이 다르지는 않을까? 배송 과정에서 물건이 상하지는 않을까? 제품이 제대로 안 오면 어디에 따져야 하지? 이런 질문이 꼬리를 물고 이어지는 게 당연하다.

온갖 의구심과 제약조건 속에 출발한 아마존은 전자상거래의 전체 밸류체인 중 제품의 검색과 구매 그리고 배송에 초점을 맞추었다. 초창기의 아마존이 모든 물품을 취급하지 않고 책과 CD를 판매하는 온라인서점을 표방했던 이유가 여기에 있다. 책과 CD는 배송된 제품이 웹사이트에서 본 모습과 다를까 봐 걱정할 필요가 없는 대표적인 제품이다. 배송 중 파손의 염려도 상대적으로 적다. 사이즈도 크지 않고 일정하다. 고가의 명품이나 전자제품과 달리 혹시 문제가 생겨도 소비자가 지게 될 리스크가 크지 않다. 깔끔한 웹사이트를 만들고 제품에 대한 기본적인 정보만 잘 제공하면 초보 구매자라도 어렵지 않게 주문할 수 있다. 특허를 받은 원클릭 구매(1-click ordering)라는 당시로서는 획기적인 아마존의 온라인 결제방식을 통해 고객은 한 번만 본인의 배송 및 결제정보를 입력하면 이후에는 클릭 한 번으로 안전하고 편리하게 제품 구매를 할 수 있다.

아마존은 임대료가 비싼 지역에 점포를 내지 않았고 반스앤노블처럼 대형 매장을 짓지도 않았다. 대신 교외 지역에 대형 창고를 빌려 재고를 확보했고, 대량구매를 통해 제품 구매 단가를 낮췄다. 유통과 마케팅에서 비용을 줄인 만큼 저렴하게 판매해 많은 고객을 모았다. 고객 신뢰와 브랜드 가치가 쌓이면서 세상 모든 제품을 파는 세계 최대 전자상거래 플랫폼으로 사업을 확장해왔다.

결국 아마존이 초기에 추구한 핵심가치는 전자상거래라는 시스템 자체에 대한 신뢰를 형성하는 것이었다. 그리고 신뢰 형성의 핵심을 결제의 안전함과 편리함, 그리고 배송의 정확성에서 찾았다. 오늘날 아마존의 핵심경쟁력이라 일컫는 복잡한 알고리즘을 통한 제품 추천과 교차판매, 아마존 마켓플레이스를 통한 플랫폼화, 클라우드 서비스 산업으로의 다각화 등은 차후에 추가된 내용이다. 기업의 성장 단계와 외부 인프라의 발달 수준에 따라 사업의 핵심가치는 변하기 마련이다.

이제 '전자상거래'라는 카테고리 자체에 대해 소비자들이 갖는 신뢰는 상당 부분 확보되었다. 아마존을 필두로 월마트, 코스트코, 베스트바이(Best Buy) 등 대형 유통업체들도 적극적으로 온라인화를 추진한 것은 물론 나이키와 애플처럼 제품을 직접 만드는 제조 기반 기업들도 자사 홈페이지와 앱을 통해 제품을 판매하고 있다. 첨단과는 거리가 있어 보이는 구찌와 같은 럭셔리 기업도 전자상거래에 막대한 투자를 해서 성과를 보이고 있다.

디지털 기술을 회사의 밸류체인에 적용하는 것은 거스를 수 없는 흐름이다. 이에 따라 스스로를 IT 기업이라고 칭하는 비(非) IT 기업들도 많다. 나이키, 우버, 코카콜라 등의 CEO나 임원이 스스로를 기술기업, 정보기업, 디지털 기업이라고 선언하기도 했다. 하지만 선언만으로 디지털 전환이 되는 것은 아니다. 뒤따르는 변화를 보며 기업이나 경영자 스스로는 물론 고객과 임직원, 투자자 등 기업 안팎의 구성원들이 선언을 납득할 수 있는지가 중요하다.

어디서부터 시작해야 할까? 우리 기업의 제품과 서비스에 대해 고객이 느끼는 핵심적인 가치가 무엇인지를 정확히 아는 것이 출발점이다. 피자를 파는 회사가 스스로를 IT 기업이라고 주장할 때 곧바로 고개를 끄덕이기는 쉽지 않다. 아무리 디지털이 대세라지만 피자를 디지털로 만들지는 않기 때문이다. 하지만 스스로를 배달 전문 피자회사로 정의하면 이야기가 달라진다. 주문과 배달 과정에는 디지털 기술을 통해 고객의 경험과 가치를 향상시킬 수 있는 여지가 얼마든지 있다.

아울러 기업의 발달 단계상 우리의 위치가 어디인지 알아야 한다. 알리바바는 중국에 전자상거래와 현금 없는 결제를 전파하면서 아마존의 초창기 전략을 차용했다. 세계적으로는 전자상거래가 일상이 되었지만, 아직 신용거래 경험이 많지 않은 중국 소비자들에게는 전자상거래 시스템에 대한 신뢰를 쌓는 것이 먼저라고 인식한 것이다.

디지털 전환은 그 자체가 목적이 될 수 없다. 목적은 오직 고객이 경험하는 핵심가치를 높이는 것이다. 디지털 전환에 뛰어들기에 앞서 우리 기업이 고객에게 전해주는 가치의 핵심이 무엇인지, 그에 비추어 우리 기업의 현재 수준은 어느 정도인지를 먼저 정확히 이해해야 하는 이유다.

DT 법칙 체크리스트

1. 기존의 비즈니스를 디지털 관점에서 다시 생각하고, 자신의 업을 재정의해보자.

2. 디지털 기술이 고객가치를 향상시킬 여지가 있는지 생각해보자. '피자 회사'가 아니라 '배달 피자 회사'라면 디지털 활용의 여지가 달라진다. 디지털 전환의 시작은 기업이 고객에게 전해주는 가치의 핵심이 무엇인지를 정확히 이해하고, 어떻게 디지털로 그 가치를 더해줄 수 있을지 고민하는 것이다.

자신만의
강점을
디지털로
극대화하라

법칙2

'디지털 전환'이라는 용어는 기술에 해당하는 'digital'과 조직의 변화에 해당하는 'transformation'이 합쳐진 말이다. 단순히 '디지털화'(digitization 또는 digitation)라 하지 않고 굳이 '전환'의 의미를 밝혀서 부르는 이유는 디지털이라는 수단을 통해 조직 자체의 근본적인 변화를 추구하기 때문이다. 어떤 기업과 조직도 홀로 존재할 수 없다. 외부 환경에 끊임없이 영향을 받으며 정보와 자원을 주고받는다. 따라서 조직을 둘러싸고 있는 외부 환경이 변화하면 이에 맞추어 조직도 적응을 위한 변화를 수행해야 한다.

4차 산업혁명의 시대로 접어들면서 외부 환경이 디지털과 융합 기술의 시대로 바뀌고 있고, 이에 발맞추어 기업과 조직도 변화하고 있다. 한편으로는 그 반대로 기업이 새로운 기술과 서비스를 선보여 소비자들의 생활 패턴을 바꾸고, 그 변화가 모여 세상이 바뀌기도 한다. 닭이 먼저든 달걀이 먼저든 이미 이러한 변화는 빠르게 진행되고 있다. 자동차가 처음 등장한 19세기 말,

많은 이들이 매연과 먼지, 소음을 내는 자동차를 '악마의 기계'라며 거부하고 자동차 사용자를 조롱하며 마차를 고수했지만, 결국에는 자동차가 보편적인 교통수단이 될 것을 대부분 느끼고 있었다고 한다. 오늘날 비즈니스 모델에서 디지털 기술을 중심에 두는 것은 정도와 속도의 차이일 뿐 거스를 수 없는 흐름임을 우리 또한 모두 느끼고 있다.

디지털 전환은 디지털 기술을 통해 조직 프로세스와 밸류체인의 근본적인 변화를 추구하는 것을 목표로 한다. 신규사업을 론칭하려는 창업자라면 비즈니스 모델을 만드는 초기부터 디지털을 고려하기가 한결 쉬울 것이다. 하지만 이미 사업을 영위하는 기업들은 비즈니스 모델의 혁명적인 변화를 만들어내는 것이 중요하다고 해서 기존의 사업모델을 버리고 무에서 새로 시작하기가 쉽지 않다.

쉽지 않을뿐더러 그것이 과연 바람직한지도 숙고해볼 문제다. 온라인 쇼핑의 가능성이 무궁무진하다고 해서, 기존 유통업체가 자신의 자산과 장점을 버리고 온라인 쇼핑에 뛰어들면 과연 아마존처럼 될 수 있을까? 부동산을 소유하지 않고 사람들을 연결해주는 에어비앤비의 성공을 보고 기존의 호텔과 리조트 기업들이 부동산을 매각하고 새로운 플랫폼을 만들어내면 에어비앤비를 뛰어넘을 수 있을까? 디지털 시대를 살아가는 오프라인 기업이라면 한 번쯤 진지하게 해보았을 고민이다.

오프라인은 비용이 아니라 거점이 될 수 있다

"당신의 사업은 아마존화될 것이다."(Your business will be Amazoned.) 리테일 분야에서 유행하는 표현이다. 책 판매로 시작해 유통의 모든 영역으로 사업을 확장해온 아마존에 의해 미국의 유통분야가 하나하나 점령되어가는 과정을 표현한 말이다. 실제로 '유통의 종말'(retail apocalypse)이라 불릴 정도로 미국의 많은 유통업체가 지난 몇 년간 문을 닫았다. 시어스(Sears), 제이씨페니(J.C. Penny), 포에버21(Forever21), 니먼마커스(Nieman Macus) 등의 백화점과 할인점이 파산보호를 신청했다. 장난감 업계의 공룡기업인 토이저러스(Toys "R" Us), 신발 전문업체 페이레스슈소스(Payless ShowSource), 전자제품 전문업체인 서킷시티(Circuit City)와 라디오섹(RadioShack) 역시 마찬가지다. 여전히 오프라인 쇼핑의 비중이 상당히 높은 미국에서도 오프라인 유통업체의 수난시대임이 분명해 보인다.

많은 유통기업이 아마존 앞에 무릎을 꿇는 이커머스 시대, 사람들의 이목이 집중된 곳은 미국 최대 유통기업 월마트였다. 과연 월마트는 아마존에 맞서 어떤 전략을 취할지, 과연 살아남을지에 대한 관심 때문이었다.

월마트 또한 아마존의 약진을 예의 주시했고 전자상거래의 흐름을 거스를 수 없음을 인식하고 있었다. 이에 2016년 전자상거래 분야에서 성과를 내기 시작한 제트닷컴(Jet.com)을 33억 달러에 인수하고 창업자인 마크 로어(Marc Lore)를 이커머스 담당 사장으로 영입했다. 전자상거래에 강점이 있는 기업과 인재를 확보한 것은 월마트가 전자상거래 초기 전략 방향을 수립하는 데 큰 도움이 되었다.

하지만 외부에서 볼 때 제트닷컴만으로 아마존과 경쟁하는 것은 한계가 있었다. 아마존과 경쟁하기 위해 제품 가격을 낮추고 35달러 이상 구매하면 이틀 안에 무료배송 해주는 정책을 펴는 바람에 월마트의 영업이익은 외려 악화되었다. 온라인 구매행위에 대한 이해가 여전히 낮았던 데다 온라인 전용 물류 시스템을 운영해본 경험도 부족해 일부 재고 파악에 문제가 생겼고, 특정 제품의 재고가 소진되어 판매하지 못하는 일이 벌어졌다. 실적이 반등하지 않고 월마트의 미래에 대한 암울한 전망이 쏟아져나오자 급기야 2018년 2월에는 하루에 주가가 10%나 급락하는 사태가 벌어지기도 했다.[12] 소비자들은 온라인 쇼핑을 아마존과 동일시했고, 대규모 투자에도 불구하고 월마트는 좀처럼 온라인 리테일러로 인식되지 못했다.

시대의 변화를 감지하고 관련 기업을 인수하고 인재를 영입하는 등 변화의 노력을 게을리하지 않았음에도 왜 월마트는 온라인 리테일러가 되지 못했을까? 월마트의 온라인 전략이 아마존과 차별화된 그들만의 강점을 부각시키지 못했기 때문이라는 분석이 나왔다. 그 결과 어설프게 아마존을 흉내 내는 2등 업체가 되었던 것이다.

이에 월마트는 자신의 강점을 디지털로 극대화하는 방향으로 전략을 수정했다. 그들이 아마존과 차별화할 수 있는 가장 강력한 자산은 누구도 따라올 수 없는 오프라인 접근성이었다. 미국인의 91%가 5000개에 달하는 월마트 매장에서 10마일 반경 안에 살고 있다. 아마존도 자체 물류망을 확보하는 것은 물론 미국 우체국(US Post)이나 UPS 등과 협력해 배송을 효율화한 강점이 있었다. 그러나 홀푸드 매장을 포함해도 아마존의 오프라인 매장과 물류센터는 1000개 수준이다. 국토가 넓고 인구밀도가 낮은 미국의 특성 때문에 아마존 프라임 배송도 이틀은 걸린다. 고객 입장에서 제품을 구매하면 당장 받고 싶은 건 당연하다. 게다가 배송에 대한 소비자의 신뢰가 높아진 것은 사실이지만, 여전히 가격이 비싸거나 파손 위험이 있는 일부 제품에 대해서는 불안감이 완전히 사라진 것이 아니다.

어떤 이들은 5000개나 되는 월마트 매장을 발 빠른 전략 수정을 방해하는 처치 곤란한 애물단지로 바라보기도 했다. 그러나 월마트는 이런 외부의 시각을 뒤집고 미국 전역에 신경망처럼 퍼져 있는 오프라인 매장들을 온라인 쇼핑과 시너지 효과를 일으킬 물류의 전진기지로 활용하기 시작했다.

월마트는 온라인 구매사이트와 모바일 앱에 대대적으로 투자해 제품 구매의 편리성을 아마존 수준으로 향상시켰다. 그런 다음 고객들이 자사 홈페이지에서 물품을 구매하고 가까운 월마트 매장에서 제품을 픽업해 갈 수 있도록 '커브사이드 픽업'(Curbside Pickup) 방식을 적극 활용했다. 온라인에서의 고객 경험을 경쟁자 수준으로 높이고, 자신의 최대 자산인 전국적 점포망을 통해 고객이 빠르게 제품을 인도받을 수 있도록 함으로써 온오프라인 통합의 시너지를 극대화한 것이다.

디지털화를 촉진하는 데에도 월마트는 오프라인의 장점을 도외시하지 않았다. 월마트는 2018년에만 1700명의 신규 기술인력을 고용하고 마이크로소프트와 전략적 제휴를 맺는 등 온라인상의 고객 대면기술 속도를 높이고 기술적 역량을 강화하는 투자를 꾸준히 이어왔다. 이때 월마트는 온라인과 오프라인에서 고객들이 만들어내는 데이터를 활용할 수 있음을 깨달았다. 아마존은 고객들의 온라인 구매행위에 대한 엄청난 데이터를 흡수하는 역량이 있지만 고객들과의 직접 대면 기회는 상대적으로 부족하다. 반면 월마트가 새로운 기술을 도입하면서 기존의 오프라인 매장은 고객의 반응을 직접 살피고 온오프라인 통합 서비스를 효과적으로 만들어낼 수 있는 혁신의 창구가 될 수 있었다.

월마트는 오프라인의 강점을 극대화하는 한편 아마존의 전략도 적극 도입했다. 월마트 홈페이지의 마켓플레이스를 통해 다른 기업들도 제품을 판매할 수 있게 하고 배송을 지원했다. 아마존 마켓플레이스를 떠올리게 하는 전략이다. 덕분에 제품 구색에서 아마존에 뒤지지 않게 된 데다, 판매 실적 또한 월마트의 자체 온라인 판매보다 더욱 빠르게 성장하는 성과를 거둘 수 있었다.[13]

서비스의 가치를 디지털로 배가한다

호텔산업은 세계적으로 가장 큰 사업군 가운데 하나로, 산업 규모 및 고용창출 면에서 미국의 호텔산업은 1, 2위를 다툴 정도다. 이들이 제공하는 고객경험과 가치는 본질적으로 사람에게서 나온다. 호텔 서비스는 기본적으로 사람을 통해 전달되고 관계를 통해 극대화되기 때문이다.

그러나 이러한 신념은 간혹 자동화 서비스 개발과 전산화를 통한 최신 관리 시스템의 도입을 막는 걸림돌이 되기도 한다. 오랜 경력을 쌓은 호텔 총지배인들과 이야기를 나눠보면 호텔산업이 기술도입에 얼마나 보수적인지를 금방 느낄 수 있다. 미국의 대학에서 호텔관광산업에 쓰이는 기술 및 시스템을 강의하다 보면 "환대산업은 사람과 사람 사이에 서비스가 전달되는 것이 핵심인데 우리가 왜 이런 기술을 배워야 하나요?"라는 질문이 매학기 나오곤 한다.

이처럼 전통적인 서비스 기업이 에어비앤비와 같은 혁신적 파괴자와 어떻게 경쟁할 수 있을까?

2007년 등장한 에어비앤비는 여행 및 숙박 업계를 뒤흔들어 놓았다. 여행자들이 숙박업소가 아닌 누군가의 집에 머물며 색다른 경험을 하는 것은 기존의 호텔업이 제시하지 못한 새로운 가치였다. 여기에 더해 공유택시 서비스인 우버, 개인차량을 공유하는 집카(Zipcar), 공유오피스 업체인 위워크(WeWork) 등과 함께 '공유경제'라는 카테고리를 형성하며 전 세계 창업시장을 뜨겁게 달구었다.

에어비앤비로 대표되는 공유숙박 서비스는 호텔보다 저렴한 가격과 편리한 플랫폼이 가장 큰 장점이다. 특히 숙박기간이 길어질수록 가격 경쟁력이 더 커지는 경향이 있다. 시내 호텔 비용이 비싸기로 악명 높은 샌프란시스코에서 사업 아이디어를 떠올렸다는 에어비앤비 창업 스토리는 공유숙박 서비스의 장점을 잘 보여준다. 내가 집을 쓰지 않을 때 저렴한 값에 내 집을 빌려주면 누이 좋고 매부 좋지 않을까? 여행자 입장에서도 가고 싶은 지역을 골라서 숙소를 찾을 수 있기 때문에 편리하기도 하고, 그 지역의 감성을 오롯이 느낄 수 있어 만족도도 높다. 피렌체로 여행을 가서 두오모가 보이는 숙소에 머물고, 파리에서 작은 카페가 밀집한 동네에서 지내는 경험은 호텔이 쉽게 제공할 수 없는 로컬의 가치다.

이러한 장점을 바탕으로 에어비앤비는 서비스를 시작한 지 4년 만에 100만 건 이상의 예약을 성사시키며 실리콘밸리의 유니콘으로 불리게 되었다. '여행은 살아보는 것'이라는 캐치프레이즈로 여행객들의 눈높이에 맞춘 에어비앤비의 성장은 놀라웠다. 2016년에는 191개국 6500개 이상의 도시에 300만 개가 넘는 다양한 숙박공간을 제공했고, 7000만 명이 에어비앤비를 이용했다. IT 매체 〈레코드(Recode)〉는 2018년에 미국 소비자들이 힐튼 호텔보다 에어비앤비에 더 많은 돈을 썼다고 보도했다. 영국의 호텔 컨설팅 기업 HVS는 뉴욕 소재 호텔들이 에어비앤비의 등장으로 입은 직접적인 손실액만 연간 4500만 달러에 이를 것으로 추정했다. 창업 10년도 되지 않아 에어비앤비는 기업가치 255억 달러를 달성해, 100년 가까운 역사를 자랑하는 힐튼 기업의 가치를 뛰어넘었다고 평가받기도 했다.

에어비앤비의 성장세가 뚜렷해지자 대형 호텔 체인들도 대응에 나섰다. 그러나 그 대응이란 게 초기에는 철저한 무시 혹은 세금포탈 문제를 내세워 소송전을 벌이거나, 법조계 로비를 통해 에어비앤비를 시장에서 배제시키는 데 맞춰져 있었다. 이것은 근본적인 해결책이 될 수 없었다. 에어비앤비에 대한 고객들의 반응은 폭발적이었고, 디지털 기술을 통한 공유경제의 실현

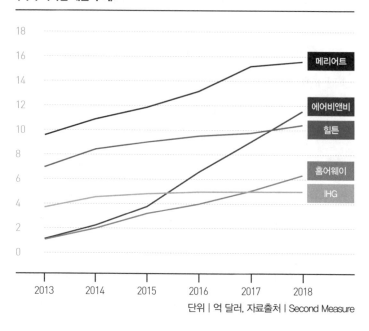

〈미국 숙박업 매출 추이〉

메리어트

에어비앤비

힐튼

홈어웨이

IHG

단위 | 억 달러, 자료출처 | Second Measure

과 오픈플랫폼은 기존의 호텔들에게 쉽게 넘어서지 못할 장벽으로 다가왔다.

호텔산업은 이미 예전부터 미래형 숙박에 대한 연구를 진행하면서 디지털 기술의 도입방안을 모색해오고 있었다. 그러던 중 에어비앤비라는 강력한 경쟁자의 등장으로 디지털 전환은 당장 추진해야 하는 급박한 과제가 되었다. 급한 대로 에어비앤비의 사업모델을 차용할 수도 있지만, 이미 에어비앤비가 공유숙박의 대명사가 된 상황에서 비슷한 서비스를 제공하는 것은 오히려 에어비앤비의 주도권을 강화시킬 뿐이다. 경쟁자의 장점을 잘 이해하고 필요한 부분을 흡수하는 것도 중요하지만, 경쟁자가 제공할 수 없는 나만의 강점을 잘 활용하는 것이 더 중요하다. 그렇다면 에어비앤비와 경쟁하는 호텔의 디지털 전환은 어떤 전략으로 움직여야 할까?

호텔만의 차별적인 강점은 안전성과 청결함, 그리고 예측가능성이다. 에어비앤비의 경우 플랫폼은 디지털 방식이라 사용이 편리하지만 실제로 이용하는 숙박 시설은 디지털로 통제되지 않는다. 이용객들의 추천 시스템이 있어 빌려주는 사람이 사진이나 설명을 솔직하게 게재하도록 유도하지만, 대부분의 숙소가 개인 가정이기 때문에 에어비앤비 본사가 세세한 부분까지 통제하기는 어렵다. 더러 에어비앤비를 이용했다가 범죄나 인종차별 등에 노출되는 사건이 언론보도로 알려지기도 했는데, 이에 비해 호텔은 보안 측면에서 압도적인 경쟁우위가 있다.

힐튼 호텔은 먼저 비대면 서비스 기술을 활용해 호텔이 가진 기존의 강점을 더욱 강화하는 데 집중했다. 즉 호텔의 안전성과 안락함은 그대로 만끽하되, 서비스를 받기 위해 고객이 거쳐야 하는 프로세스를 모바일 기술로 대폭 단축하는 데 기술 도입의 초점이 맞추어졌다.

먼저 힐튼 모바일 앱의 기능을 강화해 개인 휴대폰으로도 모바일 체크인과 체크아웃이 가능하도록 했다. 아울러 호텔이 고객에게 일방향으로 전달하는 서비스 흐름을 양방향으로 전환함으로써 고객만족도와 서비스의 예측가능성을 높였다. 예컨대 힐튼의 고객들은 묵고 싶은 방의 위치를 앱에서 직접 선택할 수 있다. 호텔에 체류하는 동안 받고 싶은 서비스가 있으면 데스크에 전화를 거는 대신 모바일 앱의 실시간 채팅 서비스를 이용할 수 있다. 객실에 있는 스마트TV와 아마존 알렉사의 음성인식 시스템을 통해서도 물론 서비스 요청이 가능하다.

이러한 기술의 도입은 고객경험을 향상시키는 데 도움이 될 뿐 아니라 직원들이 단순 응대 업무를 감당하는 부담과 피로도를 줄이는 효과도 있다. 회사 입장에서는 고객응대 직원의 잔업을 줄이면서 질 높은 서비스를 제공하는 데 주력하고 데이터 관리, 분석 및 디지털 기술 연구를 통한 차별화된 서비스 개발에 집중할 수 있다.

과거에는 주로 여행사나 온라인 여행 중개 서비스(OTA)를 통해 호텔 예약이 이루어졌다. 호텔은 중개업체에 수수료를 지불해야 하는 재무적 불이익뿐 아니라 고객 데이터를 외부 여행사에 의존하는 구조적 문제를 안고 있었다. 그러다 디지털 역량을 높여 전산망과 고객 데이터를 통합하고 호텔 리워드 앱을 적극적으로 활용하면서 힐튼은 고객과의 직접적인 소통창구를 확보하게 되었다. 힐튼 외에도 최근 럭셔리 호텔 체인을 보면 여행사를 통할 때보다 자사 홈페이지나 앱에서 더 저렴한 가격을 제시하는 경우가 많다. 자체 디지털 역량을 강화한 덕분에 중간 단계를 생략하고 수수료로 나가던 비용을 고객에게 돌려주어, 호텔과 고객 모두에게 이익이 되는 구조로 전환한 것이다.

디지털 전환과 더불어 주목할 만한 변화는 호텔이 가진 기존의 강점을 바탕으로 공유숙박 서비스를 이용하는 주고객층이 기대하는 가치를 충족시킨 것이었다. 일례로 '로컬 감성'을 추구하는 고객들의 니즈에 부응하기 위해 호텔 체인들은 각 지역에 특화된 라이프스타일을 느끼고 체험할 수 있도록 중저가의 호텔 브랜드를 개발했다.

대표적으로 '모토바이힐튼'(Motto by Hilton)은 방문한 지역의 분위기를 만끽할 수 있도록 호텔을 주요 도심지나 주거지역에 짓고 로비와 객실도 해당 도시의 이미지를 살려 디자인했다. 타깃인 젊은 고객층에 어필하기 위해 숙박비를 낮게 책정한 것은 물론, 여러 명이 투숙할 경우 요금을 나눠서 각자 결제할 수 있도록 했다.

또한 공유숙소의 강점을 반영해 고객들이 공간을 원하는 대로 변형할 수 있도록 객실 디자인을 모듈화했다. 모토바이힐튼은 젊은 층을 대상으로 하는 만큼 객실 규모가 크지 않다. 그렇다면 일행이 많을 경우는 불편하지 않을까? 단체 여행객을 위해 큰 객실을 마련할 수도 있지만, 그러면 여러 명이 복작거리느라 자칫 호텔 특유의 안락함과 프라이버시가 침해될 수 있다. 이를 막기 위해 모토바이힐튼은 '객실 연결'(linked room)이라는 해법을 제시했다. 평소에는 독립된 객실이지만 문을 개방하면 이웃 객실과 연결되게 해 프라이버시와 상호 교류라는 두 마리 토끼를 다 잡은 것이다. 당연히 이 모든 시설의 예약과 변경, 서비스 요청은

'모토바이힐튼'의 작지만 큰 객실. 객실 사이의 문을 개방하면 이웃 객실과 통하는 구조로, 그룹 여행자들에게 편의를 제공한다. (사진출처 : 힐튼 홈페이지)

모바일로도 가능하다.

　지금까지 살펴보았듯이, 에어비앤비로 대표되는 디지털 공유 숙박 플랫폼에 맞서기 위해 호텔들은 다양한 디지털 전환을 시도해왔다. 그리고 이러한 노력은 갑자기 닥친 코로나19 사태에 예상치 못한 타개책이 되어주었다.

　코로나19 발생 초기에는 모든 숙박업 기업들이 너나 할 것 없이 큰 시련을 겪었다. 특히 전 세계인을 대상으로 사업을 전개하는 미국 호텔업계가 입은 타격은 심각했다. 빅데이터 전문 컨설팅 업체인 STR(Smith Travel Research)의 발표에 따르면 코로나19가 한창 확산되던 2020년 4월에는 미국 호텔들의 객실점유율이 22%까지 내려갔다. 급기야 아예 문을 열지 않는 호텔이 늘어났다. 글로벌 회계컨설팅 기업인 PwC에 의하면 2020년 9월에는 뉴욕 맨해튼에 있는 호텔의 58%가량이 영업을 중단할 정도였다. 그동안 고성장을 구가해온 에어비앤비 역시 코로나19 위기에서 자유로울 수 없었다. 에어비앤비 또한 2020년 4월 숙박 예약률이 전년 동월 대비 72%나 감소했다고 발표했다. 결국 에어비앤비는 같은 해 5월 전 직원의 25%에 육박하는 1900명을 해고해야 했다.

　코로나19 때문에 전 세계가 여행을 자제하는 실정이지만 그래도 꼭 여행을 해야만 하는 사람들이 있다. 신혼여행처럼 결코 포기할 수 없는 여행도 있고, 외국이나 먼 지역으로 출장을 가야

힐튼 호텔의 '클린스테이'와 모바일 앱의 디지털 도어락 기능 (사진출처 : 힐튼 홈페이지)

하는 경우도 있다. 이들에게 코로나19 시기에 가장 중요한 화두는 바로 '세이프케이션'(safecation)이다. 말 그대로 안전하게 여행하는 것이다.

바이러스로부터 고객을 보호하기 위해 힐튼은 '힐튼 클린스테이'(Hilton Clean-Stay)를 도입했다. 가장 높은 수준의 청결과 위생 상태를 유지하는 곳은 어디일까? 아마 위급한 환자들이 머무는 병원일 것이다. 이 점에 착안해 힐튼은 미국의 대표적 혁신 병원인 메이요 클리닉(Mayo Clinic)과 협력하여, 병원 수준의 청결 및 위생 시스템을 제공하는 힐튼 클린스테이 프로그램을 개발했다.

이 프로그램의 주요 수단도 모바일 앱이다. 고객은 직원과 직접 대면하지 않고도 힐튼 모바일 앱으로 객실을 선택하고 체크인을 한다. 결제와 동시에 앱에서 디지털 키를 부여받아 객실의 잠금장치를 해제할 수 있다. 체크아웃 또한 앱을 통해 비대면으로 가능하다.

체크인을 하고 객실에 도착하면 위생점검이 완벽하게 끝났음을 보증하는 힐튼 클린스테이 객실 스티커가 보인다. 힐튼 홈페이지에 가면 객실 내부의 집중 청소구역이 어디이고, 어떤 방식으로 소독이 이루어지는지 투명하게 확인할 수 있다. 호텔에서 제공하는 식음료 또한 개별 포장해 객실에서 비대면으로 전달받아 즐길 수 있도록 한다. 사람들이 호텔에 기대하는 모든 고객경험을 최신의 디지털 기술을 기반으로 정교하게 설계해, 호텔을 이용하는 첫 단계부터 마지막 순간까지 최고의 세이프케이션을 누릴 수 있도록 한 것이다.

DT 법칙 체크리스트

1. 우리 조직이 가진 기존의 장점을 나열해보자.

2. 그중 어떤 자산에 디지털을 입혔을 때 어떤 시너지 효과가 날지 생각해보고 우선순위를 매겨보자.

3. 사람을 통해 전달되는 서비스 및 고객가치도 디지털로 강화할 수 있다. 우리 조직 혹은 기업이 인력을 통해 제공하는 서비스가 있다면 어떻게 디지털을 통해 차별화할 수 있을지 생각해보자.

데이터의
가치를
재평가해
주도권을
확보하라

법칙 3

4차 산업혁명 시대에 데이터 확보의 중요성은 아무리 강조해도 지나치지 않다. 사람마다 견해를 달리할 수는 있지만 20세기 가장 중요한 자원은 원유였다. 원유는 산업혁명을 기점으로 발달한 기계와 자동차, 이후 등장한 항공기와 선박의 연료이자 전기를 생산하는 가장 중요한 에너지원으로, 20세기는 원유를 중심으로 기업과 국가의 패권이 결정되었다고 해도 과언이 아니다. 중동 지역 국가들은 자신들의 땅에서 솟아나는 '검은 황금'으로 단숨에 엄청난 부를 축적했으며, 이 원유 지배권을 둘러싸고 20세기의 수많은 전쟁과 충돌이 일어났다. 2019년 사우디의 국영 석유기업 아람코(Aramco)는 기업 지분의 일부를 시장에 공개하는 것만으로 애플이나 마이크로소프트 등을 제치고 글로벌 기업 가운데 시가총액 1위를 차지한 적도 있다.

　그러다 정보화 시대, 모바일 시대, 4차 산업혁명의 시대로 접어들면서 검은 황금이 아닌 '디지털 황금'이 가장 가치 있는 자원으로 급속하게 전환되고 있다. 20세기 후반에 컴퓨터가 대중적으로 보급되면서 정보의 생성 및 처리 속도는 이전에는 상상할 수 없을 정도로 빨라졌다. 그에 따라 자연스럽게 더 많은 데이터가 생성될 수 있는 환경이 마련되었다. 21세기로 접어들면서 보편화된 인터넷망은 여기저기 흩어져 있던 정보들을 연결할 수 있게 해주었다.

여기에 이동성(mobile)이 더해졌다. 그전까지만 해도 고정된 장소에서 생성되던 데이터는 스마트폰을 중심으로 모바일 세상이 열리면서 새로운 전기를 맞았다. 요즘은 많이 사용하지 않지만 2000년대 초반에는 '유비쿼터스(ubiquitous) 시대가 온다'는 표현이 언론에 자주 등장했다. 지금은 유비쿼터스가 사라져서 이 용어를 사용하지 않는 게 아니다. 오히려 지극히 자연스럽고 당연하기에 인식하지도, 굳이 언급되지도 않을 뿐이다. 휴대전화가 무선통신의 기능을 넘어 스마트폰으로 진화한 것은 정보 생성과 처리가 말 그대로 '유비쿼터스해지는' 변화를 가져왔다. 사람들은 언제 어디서나, 숨만 쉬어도, 자의로든 타의로든, 끊임없이 새로운 데이터를 만들어낸다.

생각해보면 우리 한 명 한 명은 하루 24시간 동안 엄청난 양의 데이터를 생산한다. 아침에 눈을 뜨자마자 스마트폰부터 찾아서 페이스북이나 인스타그램에 밤새 올라온 정보를 확인한다. 매일 습관처럼 반복하는 간단한 행동은 로그인과 서칭 흔적을 남기고, 관련 기업들은 우리의 이런 행위를 실시간 데이터로 기록한다. 집에서 나와 회사나 학교로 가는 위치정보도 수집되어 기록으로 남는다. 그사이 열어본 유튜브와 네이버, 다음 등의 포털서비스는 우리가 무엇을 보는지, 관심사는 무엇인지, 어떤 글이나 영상에 '좋아요'를 누르는지 속속들이 알 수 있게 한다. 집에서 나가지 않고 잠만 잔다고 해서 데이터 생성을 멈춘 것이 아니다. 잠자는 동안 휴대폰을 켠 채로 옆에 두는 것만으로도 위치 기반 데이터를 생성하고 누군가는 (위치정보를 사용해도 좋다고 우리가 동의한 앱이나 통신사) 그 데이터를 가져간다. 구글, 네이버, 넷플릭스, 아마존, 쿠팡 등의 기업은 당신보다 당신을 더 잘 알고 있을지 모른다. 그리고 누군가는 그렇게 모은 정보로 새로운 사업 기회를 만든다.

독점된 정보를 공개해 가치를 만든다

사람들은 누구나 자기 집의 가치를 궁금해한다. 자기 집만이 아니라 이웃집 시세는 얼마인지, 내 친구는 얼마짜리 집에 사는지, 관심 있는 동네의 집값은 어느 정도인지 알고 싶어 한다. 하지만 과거에는 주택시장의 정보가 투명하지 않았다. 집을 사려는 사람이 매물의 가치를 파악하기 어려웠을 뿐 아니라 집주인조차 본인 집의 가치가 얼마나 되는지 정확히 알기 어려웠다. 그

나마 한국은 주거 형태가 아파트 중심이어서 시세가 어느 정도 공유돼 있지만 미국은 주택 중심이고 같은 동네라도 집의 크기, 구조, 시설이 모두 제각각이라 집의 정확한 가치를 파악하기가 쉽지 않았다.

마이크로소프트 출신의 리처드 버튼(Richard Barton)을 주축으로 2005년 창업한 온라인 부동산 검색 및 거래 사이트 질로우(Zillow)는 이런 부동산 거래시장의 관행을 바꾸어놓았다. 지금도 그런 면이 있지만 2000년대로 돌아가 생각해보면 부동산 거래 당사자들의 정보는 비대칭적이었다. 기본적으로 파는 사람이 사는 사람보다 집에 대해 더 많이 알 수밖에 없다. 집을 사려는 사람이 한두 번 방문해서는 눈치 챌 수 없는 문제점이 있을 수도 있고, 동네 분위기나 안전성은 집에 대한 정보만으로는 알 수 없다. 집을 사려는 입장에서는 이런 부분에 대한 불안이 생길 수밖에 없고, 중개업자가 궁금증을 채워주기 바라며 의존하게 된다. 하지만 중개업자는 집이 계약되어야 수입이 생기므로 집의 문제점을 자기 입으로 밝히기를 꺼리기 마련이고, 나아가 매매가의 일정 비율을 수수료로 받기 때문에 사는 사람에게 유리하게 계약을 유도하기보다는 높은 가격에 계약을 성사시키려 할 유인이 크다.

질로우의 경영진은 소수 전문가에게 독점된 부동산 관련 데이

터와 정보를 궁금해하는 모두에게 공개한다는 아이디어로 출발
했다. 소비자 스스로 현명한 의사결정을 내릴 수 있도록 정보를
제공함으로써 주택시장을 활성화한다는 것이 질로우의 미션이
었다. 이를 현실화하기 위해 제스티메이트(Zestimate)라는 주택
가격 분석 알고리즘을 자체 개발했고, 주택이 현재 매물로 나와
있든 없든 가격을 투명하게 공개했다. 미국의 주택 1억 채 이상
의 정보를 분석해 개발한 시스템 덕분에 집주인이나 부동산 중
개인이 가격을 알려주지 않아도 실제 가격에 근접한 주택가격을
추측해낼 수 있다. 말 그대로 정보의 독점이 아니라 정보의 투명
성과 공유를 기업의 존재가치로 삼고 비즈니스 모델을 설계한
것이다.

개인이 구매하는 가장 비싼 물건이자 일생을 거쳐 몇 번 해볼
기회가 없는 구매가 바로 부동산이다. 워낙 큰돈이 오가는 데다
여러 가지 법률적인 문제와 복잡성이 존재하기 때문에 여전히
대부분의 사람들은 아마존에서 물건 사듯 앱을 통해 쉽사리 부
동산을 구매하려 하지 않는다.

그렇지만 머신러닝 기법을 기반으로 정확한 주택가격을 제공
하는 질로우의 정보는 집을 사려는 사람과 팔려는 사람 모두의
관심을 끌기에 충분했고, 많은 사람들이 모여들면서 거대한 부
동산 거래 플랫폼으로 진화해갔다. 질로우의 미션처럼 가장 활
발한 부동산 거래시장이 온라인상에 구현된 것이다. 98쪽 그림

원하는 지역의 모든 주택가격 정보가 표시되는 질로우 앱 (사진출처 : 질로우 홈페이지 (1234 Main St, Austin, TX))

에서 보듯 질로우 앱에서 지역명을 검색하면 지도상에 모든 주택가격 정보를 알 수 있다. 매물로 나온 부동산은 판매자의 호가로 표시되고, 매물이 아닌 이른바 '오프마켓' 부동산은 제스티메이트의 예측가격으로 표시된다.

구매자들이 모이자 자연스럽게 부동산 중개업자들도 질로우라는 시장공간에 들어왔다. 중개업자들은 질로우에 매물 광고를 올려 수익창출에 기여하는 동시에 질로우가 확보한 부동산 정보를 더욱 정교하게 만드는 데 일조한다. 질로우의 광고 수익은 전체 수익의 약 80%에 이른다.

질로우는 여기에 만족하지 않고 2018년, 엄청난 주택 데이터와 사용자 수를 바탕으로 '질로우 오퍼'라는 주택 직거래 서비스를 도입했다. 주택 매매는 사는 쪽 못지않게 파는 사람에게도 골치 아픈 일이다. 보통 미국에서는 집을 팔기 전에 인테리어를 고치거나 리모델링을 해서 집의 가치를 높인 다음 시장에 내놓는 경우가 많다. 문제는 리노베이션에 들인 비용만큼의 가격을 인정받을 수 있을지 누구도 장담할 수 없다는 점이다. 또한 개인이 시공업자와 계약하는 부담감도 있다. 리노베이션에 대해 잘 모른다고 공사비를 터무니없이 덮어씌우지는 않을까? 엉성하게 시공하는 것은 아닐까?

이런 걱정을 하는 집주인들은 리노베이션 등 복잡한 수고를 하지 않고 질로우에 곧바로 집을 팔 수 있다. 이것이 바로 '질로우 오퍼' 서비스다. 질로우는 빅데이터와 제스티메이트의 알고리즘을 바탕으로 현재 상태의 주택 가치를 정확하게 산정해서 집주인으로부터 주택을 매입한 다음 직접 리노베이션을 해서 더 높은 가격에 재판매한다. 질로우는 기업이 가지는 협상력과 규모의 경제로 한 채당 수리비용을 크게 낮춰서 이익을 낼 수 있고, 구매자는 깔끔하게 수리된 집을 구매해서 바로 이사할 수 있다.

이는 주택 구매 및 리노베이션 투자가 선행되어야 하므로 주택 시장의 수요와 공급이 잘 맞지 않으면 엄청난 재정적 부담을 질 수밖에 없는 비즈니스 모델인 것은 사실이다. 질로우는 이러한 리스크를 데이터 분석력으로 극복해낸다. 자신들이 가진 데이터를 바탕으로 집의 가치는 물론 전체 부동산 시장의 동향, 해당 지역의 인기 등을 판단해 어떤 집에 질로우 오퍼를 할지 정교하게 분석하는 것이다.

이처럼 질로우는 전문가 집단에게 독점되어 있던 데이터를 대중에게 공개하고, 정보의 투명성을 무기로 자신의 플랫폼에 구매자, 판매자, 중개인, 그리고 미래의 거래자가 될 수 있으나 지금은 그냥 구경꾼인 사람들까지 모두 불러 모아 데이터를 더욱 정교하게 만들어냈다. 정교해진 데이터는 비즈니스 모델을 확장하는 데 사용돼, 현재 질로우는 경쟁사인 트룰리아(Trulia)를 인수하는 등 다양한 부동산 전문 브랜드를 보유하고 있다. 2019년 질로우는 전년 대비 106%에 이르는 고성장을 기록했으며, 코로나19의 위기국면도 질로우 오퍼 등 비대면 서비스를 통해 극복해냈다.

질로우의 고성장은 데이터를 통해 선순환의 사이클을 창조한 덕에 가능했다. 나아가 그들의 혁신이 단일 기업 차원에 그치지 않고 부동산 거래 시스템 전체의 디지털 전환으로 이어진 점도

간과해서는 안 된다.

우리가 인식하든 못하든, 여전히 우리 주변에는 소수 집단에 독점된 데이터가 수없이 존재한다. 이런 데이터를 필요로 하는 사람들에게 제공해주는 비즈니스 모델을 만드는 것 또한 넓은 범위의 디지털 전환을 낳는 출발점이 될 수 있다.

디지털 전환으로 유통채널을 혁신한 나이키

설명이 필요 없는 회사인 나이키는 단연 스포츠웨어 업계의 최강자다. 'Just Do It'이라는 슬로건으로 기억되는 나이키는 고성능 스포츠웨어 분야에서 모든 이들의 워너비 브랜드였다. 마이클 조던 같은 스타 플레이어들의 이미지는 탁월함(excellence)을 추구하는 나이키의 브랜드 아이덴티티와 자연스레 연결되었다. 다른 의류나 신발 카테고리와 달리 LVMH나 에르메스처럼 대중의 구매가능 범위를 뛰어넘는 최상급 럭셔리 브랜드가 존재하지 않는 스포츠웨어 카테고리에서, 나이키는 (비교적 많은 사람들이 구매할 수 있지만) 최상위 꿈의 브랜드라 할 수 있다. 수십 년간 나이키는 스포츠를 사랑하는 이들이 가장 먼저 선택하는 브랜드로서 가치를 유지해왔다.

하지만 생각해보면 나이키의 주력 제품들은 전통적인 봉제산업에 속해 있다. 나이키가 마케팅과 제품개발에 엄청난 역량이 있기는 하지만 산업이 가진 기본적인 속성은 디지털이나 정보기술과 그리 가깝지 않다. 나이키는 대부분의 제품을 노동력이 저렴한 국가에서 아웃소싱으로 생산하고, 판매는 대부분 백화점, 대형 유통업체, 스포츠용품 전문 유통업체, 온라인 유통업체 등을 통해 이루어진다. 아무리 최고 기업이라 해도 이처럼 판매와 유통이 상당 부분 외부 업체를 통해 이루어지다 보면 고객과의 직접적인 접촉 기회가 제한되고, 고객 데이터도 확보하기 어려워진다.

이러한 약점에도 나이키는 고객들의 충성도와 브랜드 가치를 무기로 한동안 유통채널에 상대적인 협상우위를 유지할 수 있었다. 하지만 전자상거래가 일상화되면서 아마존과 알리바바로 대표되는 온라인 리테일러의 영향력이 크게 확대되었고, 이들이 가진 엄청난 양의 고객 데이터가 무기가 되면서 나이키의 교섭력은 조금씩 약해질 수밖에 없었다. 특정 채널에서 무시못할 매출이 발생하는데도 정작 누가 제품을 구매하는지, 언제 구매하는지, 고객 특성은 어떤지 알 수 없다면 정보를 손에 쥔 유통채널과의 관계에서 협상력을 발휘하기 어려운 것은 당연하다.

나이키는 이 문제의 돌파구를 디지털 기술에서 찾았다. 기존에 나이키가 가진 제품개발과 디자인, 브랜딩과 마케팅에서의 장점을 활용하면서 디지털 기술을 내재화해 유통채널을 혁신하는 디지털 전환에 엄청난 투자를 단행했다.

2018년 나이키는 대담한 유통채널 혁신전략을 수립했다. 트리플 더블 전략(Triple Double Strategy)이라 명명된 나이키의 신유통 전략은 시장화 속도, 혁신의 리듬과 영향, 고객접점을 모두 2배로 늘리겠다는 목표 아래 3만 개의 리테일 파트너를 40개로 축소하는 내용을 포함하고 있다.[14]

신유통 전략을 선언할 당시 나이키는 매출의 68%를 외부 유통업체에 의존하고 있었다. 2013년의 81%에서 지속적으로 비중을 낮춰온 결과이기는 하지만 여전히 3분의 2 가까운 매출이 외부 유통채널에서 발생하고 있던 것이다. 이처럼 의존도가 높았던 유통채널을 과감하게 통폐합하는 것은 어떤 기업도 쉽게 내릴 수 있는 결정이 아니다. 그럼에도 나이키는 고객에게 직접 다가가는(direct to customers, DTC) 유통전략을 핵심가치로 내세우고, 자사 홈페이지 및 앱에서 제품을 직접 판매하는 비중을 확대한다는 전략을 굽힘 없이 추진했다.

2019년 나이키는 또 하나의 큰 결정을 내리는데, 바로 최대 온라인 쇼핑몰인 아마존에서 나이키 제품을 판매하지 않기로 한 것이다. 이전까지 나이키는 온라인 시장에서의 영향력을 확대하고 소위 짝퉁 제품에 대한 통제를 강화하기 위해 아마존과의 파일럿 협력을 시행해왔다. 아마존 내에 나이키의 자체 매장을 운

〈나이키의 유통채널별 매출 비중 추이〉

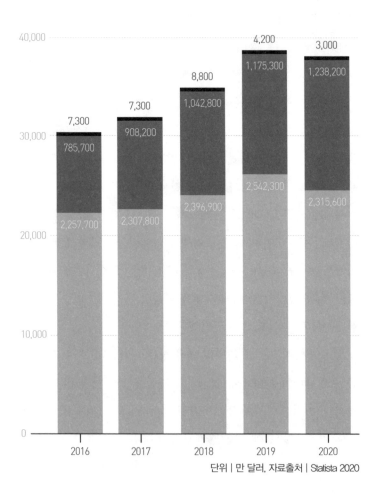

글로벌 브랜드 부문
나이키 직접판매
외부 유통업체

단위 | 만 달러, 자료출처 | Statista 2020

영하면서 짝퉁 제품도 단속하고, 고객들과 접촉하는 유통채널도 확보하기 위한 전략적 협력이었다. 그러나 이 프로그램이 나이키의 브랜드 가치를 유지하는 데 도움이 되지 않는 데다 고객에게 직접 다가가겠다는 DTC 유통전략과 충돌한다는 판단 하에 아마존 매장을 철수하기로 결정했다.

이러한 변화의 가장 큰 목적은 수익성은 높이고 고객에게 제품과 서비스를 보다 빨리 전달하는 것이다. 앞서 말한 대로 나이키는 40개의 차별화된 유통 파트너를 선정해서 판매망의 소수정예화를 추진하고자 했는데, 이때에도 나이키가 고객과 접점을 가져갈 수 있도록 도움을 주느냐가 파트너 선정의 가장 중요한 기준이었다. 오프라인 유통업체라면 숍인숍(shop-in-shop) 형태로 나이키가 직접 매장을 운영하고 직원을 상주시킬 수 있도록 해주는 업체를 선택하고, 온라인 회사는 고객 데이터를 공유해주는 곳과 파트너십을 맺었다.

고객접점을 마련하고 고객 데이터를 직접 손에 쥐기 위해 파트너 재정비와 함께 나이키가 전략적으로 가장 우선순위에 두고 추진한 변화는 나이키 앱과 홈페이지 강화였다. 이를 통해 나이키는 고객과 함께 모두 이득을 얻는 윈윈 구조를 만들어가고 있다.

고객 입장에서는 나이키 앱에서 제품을 구매하면 정품이 확실한 데다 나이키플러스(NikePlus)라는 리워드 프로그램에 가입해

혜택을 적립할 수 있다. 또한 나이키 앱에서 단독 할인 이벤트가 종종 진행되기 때문에 고객들이 다른 채널에서 나이키 제품을 더 싸게 구입할 가능성은 크지 않다. 나이키 앱에서 가장 저렴하게 나이키 정품을 구매할 수 있다면 소비자가 군이 다른 채널을 찾을 이유가 없다. 나이키 입장에서는 유통채널을 단순화함으로써 리테일 채널과 판매이익을 나누지 않아도 된다. 이렇게 절감된 비용의 일부를 고객에게 세일과 리워드로 돌려주고, 대신 나이키는 고객 정보를 획득한다. 이렇게 얻어진 데이터는 고객들의 향후 구매를 나이키 앱으로 묶어두고 고객을 직접대면해 교차판매 및 반복구매를 촉진하는 선순환의 연료가 된다.

아울러 나이키의 오프라인 매장은 고객 체험공간으로 탈바꿈해 제품을 판매하기만 하는 외부 소매점과 차별화하고 있다. 해당 매장에서 발생하는 매출에 연연하기보다는 나이키 제품을 직접 테스트해볼 수 있는 쇼룸으로 만들어 온오프라인 채널이 상호 보완하며 시너지 효과를 일으키도록 하는 것이다.

나이키의 디지털 전환 전략은 코로나19로 촉발된 위기에서 진가를 발휘했다. 나이키 역시 경제활동 봉쇄와 소비 위축의 영향으로 2020년 전반기 실적이 크게 감소했지만 온라인과 모바일 앱 채널은 오히려 크게 성장해, 나이키 앱과 나이키런 앱의 다운로드 수는 전기에 비해 3배 이상 늘어났다. 코로나 위기로 올림

픽을 포함한 스포츠 이벤트가 줄줄이 취소되고 피트니스 센터 이용이 제한되는 등 나이키에 불리한 이슈가 많았지만 제품 마진은 크게 향상되었다. 디지털 기술을 내재화해 전사적 디지털 전환을 촉진한 결과가 위기 상황을 맞아 강력한 보완책이 된 것이다. 나이키의 사례는 IT산업에 속하지 않은 기업들도 디지털 전환으로 고객접점과 데이터를 확보함으로써 예기치 않은 위기를 타개할 수 있음을 보여준다.

작아도 우리에게만 있는 데이터로 승부한다

태생적인 디지털 기업 또는 나이키처럼 충성도 높은 고객을 가진 기업이 탄탄한 자금력으로 고객 데이터를 확보하고 활용하는 것은, 배울 점은 많지만 대부분의 기업에게는 따라 하기 힘든 그림의 떡으로 느껴질 수 있다. 나이키의 사례에서 보듯 오늘날 고객접점과 데이터를 확보하기 위해서는 정보 시스템이 필요하다. 대기업들은 SAP, 시스코(Cisco), 오라클, IBM 등의 기업에 의뢰해 데이터 처리를 효율화하고, 기업 경쟁력을 강화하기 위해 ERP나 CRM 등의 시스템을 구입하여 사용한다. 한국의 대기업들은 정보처리 시스템에 전문성을 갖춘 계열사가 이러한 시스템을 그룹 전체에 도입할 수 있도록 지원하기도 한다. 하지만 대기업이 아닌 대다수의 일반 기업이 이런 솔루션을 전사적으로 도입하기에는 비용 부담이 너무 크다. 회사 규모가 작다고 해서 고객 정보를 수집하고 데이터를 효율적으로 관리할 필요가 없는 게 아닌데, 이들은 어떻게 해야 할까?

누구나 구글이나 애플이 될 수도 없지만, 될 필요도 없다. 다양한 분야에서 방대한 데이터를 축적할 수 없더라도 자신의 사업 활동을 통해 나만이 만들어낼 수 있는 작지만 독특한 데이터를 찾아내 활용한다면 남들이 찾아내지 못한 기회를 선점할 수 있다.

오랜 기간 성공적으로 사업을 영위하던 기업들은 으레 자기 고객과 시장에 대해 잘 안다고 생각한다. 하지만 외부 환경이 변화하면 이들의 지식과 감은 더 이상 맞지 않게 되고 실적도 떨어진다. 이런 변화의 시기에는 오히려 아주 기초적인 조사를 통해 얻을 수 있는 데이터가 수십 년 이상의 경험을 뛰어넘는 통찰을 주기도 한다.

예를 들어보자. 기업들은 핵심 소비층의 변화에 주목해왔다. 밀레니얼이 베이비부머를 대체하여 중심적인 소비층으로 부상하는 흐름은 전 세계 공통의 현상이다. 이들은 디지털에 익숙하고 개인주의적 가치관을 갖고 있어 자신을 위해 돈 쓰는 것을 주저하지 않는다. 중심 소비층의 이런 변화를 타고 기존의 기업이 쇠락하기도 하고, 작은 기업이 새로운 기회를 잡기도 한다.

음악산업에서도 이런 모습이 나타나고 있다. 산업의 주도권이 아날로그에서 디지털 기기로 넘어가고 디지털에 익숙한 밀레니얼이 등장하면서, 과거에 명성을 누렸던 전통의 악기 명가들은 어려움에 직면했다. 70년 넘게 깁슨(Gibson)과 함께 일렉트릭 기타 시장을 양분해오던 기타 브랜드 펜더(Fender) 또한 이러한 변화에서 자유로울 수 없었다. 시대를 풍미했던 로큰롤은 어느새 힙합과 EDM에 밀려났고, 이는 일렉 기타 판매 하락으로 직결되었다. 오랜 기간 충성도 높은 마니아들을 주요 고객으로 삼았던 펜더는 이러한 시장 변화에 어떻게 대응해야 할까?

펜더는 악기산업이 어려움을 겪는 것과 별개로 음악산업 자체는 더 큰 폭으로 성장하고 있다는 사실에 주목했다. 애플뮤직과 스포티파이(Spotify)로 대표되는 음악 청취 및 판매 방식의 변화는 음악의 제작과 유통의 디지털화를 가속화했다. 펜더로서는 변화와 성장이 동시에 진행 중인 음악시장에 대한 새로운 정보가 필요했다.

회사의 변화를 위해 펜더는 나이키와 디즈니에서 커리어를 쌓은 앤디 무니(Andy Mooney)를 CEO로 영입하고 고객 데이터를 연구했다. 그 결과 의외의 사실을 발견했는데, 펜더가 기타 마니아들의 브랜드라는 애초의 인식과 달리 지난 5년간 발생한 매출의 45%가 기타를 처음 배우는 사람들에게서 일어났다는 것이었

〈펜더가 생각한 고객 vs. 데이터 속 펜더의 고객〉

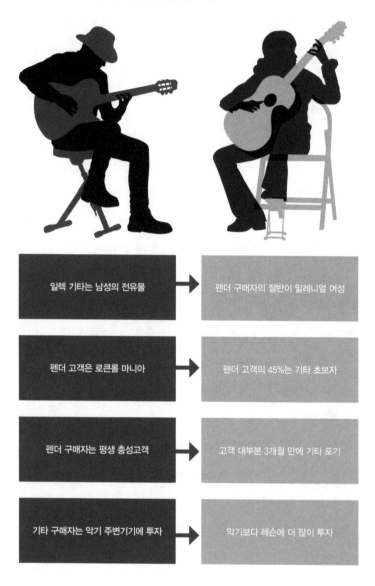

펜더가 생각한 고객	데이터 속 펜더의 고객
일렉 기타는 남성의 전유물	펜더 구매자의 절반이 밀레니얼 여성
펜더 고객은 로큰롤 마니아	펜더 고객의 45%는 기타 초보자
펜더 구매자는 평생 충성고객	고객 대부분 3개월 만에 기타 포기
기타 구매자는 악기 주변기기에 투자	악기보다 레슨에 더 많이 투자

다. 또한 신규 고객의 절반가량이 여성이고, 이들은 악기나 주변 기기 등 장비를 구비하기보다는 악기를 배우는 데 돈을 더 많이 사용한다는 점도 눈에 띄었다.

하나같이 펜더가 생각한 '고객'과 상반되는 모습이었다. 그들이 생각한 고객은 로큰롤을 사랑하고 기타를 꾸준히 업데이트하는 마니아였지만, 새로 발견한 고객은 상당수가 초보자이며 구매 후 1년은커녕 석 달도 못 가 기타 배우기를 포기하는 것으로 나타났다. 만약 이들 중 일부라도 기타를 계속 배우고 악기에 취미를 들인다면, 해마다 새로운 고객을 찾지 않아도 다양한 제품을 재구매하는 고객층을 확보할 수 있지 않을까? 새 고객을 찾는 것보다 기존 고객을 유지하는 게 비용효율 면에서 훨씬 유리한 것은 물론이고 말이다.

대부분 밀레니얼이기도 한 새로운 고객들은 활동의 중심이 온라인과 모바일 그리고 스마트폰에서 사용하는 '앱'이었다. 디지털과 모바일의 특성을 반영해 초보자와 상급자 모두에게 가치 있는 경험을 제공한다는 기조 하에 펜더는 펜더튠(Fender Tune)이라는 모바일 튜닝 앱을 만들었다. 기타 소리를 들려주면 이를 인식해 정확한 음정을 들려주며 조율을 돕는 단순한 앱이지만, 튜닝조차 어려워하는 초보 고객들의 열렬한 호응을 얻었다. 데이터를 분석해 고객특성을 간파한 덕분이었다.

펜더튠이 성공하자 2017년에는 기타를 처음 배우는 젊은 고객을 주요 타깃으로 펜더플레이(Fender Play)라는 구독형 온라인 기타 레슨 서비스를 론칭했다. 온라인 구독 레슨 서비스는 두 가지 큰 장점이 있었다. 첫째, 신규고객이 처음에 몇 번 연주하고 흥미를 잃어 기타를 영원히 버려두지 않도록 해 충성도 높은 장기고객으로 전환시킬 수 있다. 고객 데이터를 분석한 펜더는 기타를 1년 이상 배운 고객의 10%는 평생 1만 달러 이상을 구매한다는 사실을 발견했다. 기타 하나에 그치지 않고 재구매로 이어질 고객층을 확보하는 것이다.

둘째, 고객과 온라인으로 소통하며 고객 데이터를 지속적으로 확보할 수 있게 되었다. 이렇게 얻어진 데이터는 고객경험을 향상시키는 데 사용된다.

펜더플레이는 출시 후 2년 동안 11만 명의 구독자를 확보했고, 초보자가 기타를 배우다 포기하는 비율을 10% 낮추는 성과를 거두었다. 기타 실력이 향상되기 시작하면 구독자는 기타 레슨 이상의 재미를 찾게 된다. 이런 니즈에 부합해 펜더는 머신러닝을 기반으로 사용자가 인기 있는 노래를 듣고 바로 그 노래의 코드를 받아 연주할 수 있도록 도와주는 펜더송(Fender Songs)이라는 앱을 출시했다.

펜더는 고객 데이터와 모바일 앱에서 확보된 데이터를 분석해 제품 개선과 고객경험 향상을 위해 꾸준히 노력하고 있다. 아날로그 앰프 형태를 탈피해 출시한 디지털 앰프는 세계에서 가장 인기 있는 앰프가 되었다. 고객들은 모바일 앱을 통해 앰프를 구동하는데, 이들이 선호하는 앰프의 세팅값들은 펜더만이 축적할 수 있는 독특한 데이터가 되고 있다.

이처럼 펜더는 기타를 처음 배우는 고객들에게 더 가까이 다가가기 위해 제품 가격을 낮춰 판매량을 늘리고, 펜더의 커뮤니티에 들어온 고객들을 모바일 구독 서비스로 묶고, 이들이 앱에서 매 순간 만들어내는 데이터를 축적하고 분석해 더 나은 제품과 고객 서비스를 제공한다. 이러한 순환구조는 애플이나 구글이 자신의 디바이스를 사용하는 고객들의 데이터를 바탕으로 플랫폼 기업이 되어가는 모습과 다르지 않다.

모을 수 없으면 구매하라

앞서 살펴본 바와 같이 2020년 세계에서 시가총액 기준으로 가장 규모가 큰 기업의 절대다수는 IT를 바탕으로 한 기술기업들이었다. 마이크로소프트, 애플, 아마존, 알파벳(구글), 알리바바, 페이스북, 텐센트 등 이름만 들어도 어떤 회사인지 쉽게 알 수 있는 유명한 IT 기업들이다. 각종 데이터를 확보하는 역량에 관한 한 이들이 다른 어떤 기업들보다 앞서 있다는 점은 부인할 수 없다. 이들 기업들 중에도 데이터 확보를 위한 접점이 많은 기업이 있고 적은 기업이 있다. 이를 두고 치열한 경쟁이 일어나는 것은 물론이다.

스콧 갤러웨이(Scott Galloway)는 그의 저서 《플랫폼 제국의 미래》에서 구글을 '21세기의 신'이라 표현한 바 있다. 미국은 물론 글로벌 검색엔진 시장에서 구글은 90% 이상의 독점적 점유율을 자랑한다. 세계 수십억 명이 매일 구글에서 정보를 검색한다. 정보를 검색한다는 것은 개인의 관심사를 반영한 적극적인 행위이기 때문에 대단한 알고리즘과 교차분석을 사용하지 않더라도 그 자체로 엄청난 잠재력을 가진 데이터가 된다. 여기에 구글이 가진 해당 유저의 기본적인 인적정보(demographic information)와 다른 정보채널을 통해 확보한 데이터를 결합하여 분석하면 광고나 제품 판매 등에서 해당 유저에게 최적화된 2차 정보를 생성해낼 수 있다.

페이스북의 일간 활성사용자는 약 18억 명, 월간으로는 25억 명에 달한다.[15] 여기에 더해 왓츠앱(WhatsApp), 페이스북 메신저, 인스타그램 모두 페이스북이 소유한 서비스라는 점을 감안하면 소셜미디어 시장에서 페이스북의 지위는 실로 압도적이다.[16] 세계 인구의 3분의 1이 수시로 페이스북에 자신의 스토리와 사진, 동영상을 공유하고 다른 사람의 게시물에 '좋아요'를 누르며 소통하는 동안 발생하는 모든 데이터는 페이스북이 활용

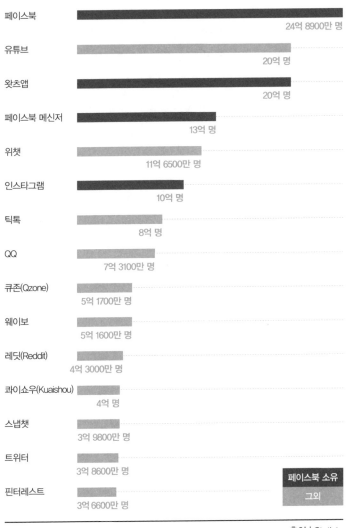

〈주요 소셜미디어 및 메신저의 월간 활성사용자〉

페이스북	24억 8900만 명
유튜브	20억 명
왓츠앱	20억 명
페이스북 메신저	13억 명
위챗	11억 6500만 명
인스타그램	10억 명
틱톡	8억 명
QQ	7억 3100만 명
큐존(Qzone)	5억 1700만 명
웨이보	5억 1600만 명
레딧(Reddit)	4억 3000만 명
콰이쇼우(Kuaishou)	4억 명
스냅챗	3억 9800만 명
트위터	3억 8600만 명
핀터레스트	3억 6600만 명

페이스북 소유
그외

출처 | Statista

할 수 있다.

시가총액 세계 1위와 2위를 번갈아 차지하고 있는 애플과 아마존 역시 데이터를 확보하고 고객접점을 확대하기 위해 치열한 경쟁을 벌이고 있다. 아마존은 미국에서 50% 이상의 시장점유율을 가진 온라인 쇼핑 플랫폼이다. 이들 고객이 상품을 검색하고 구매하는 과정에서 생기는 모든 데이터는 고스란히 아마존 차지다.

애플은 아이튠즈라는 독자적인 콘텐츠 생태계를 통해 온라인상에서 애플 유저들이 음악이나 책 등의 콘텐츠를 구매하는 전 과정의 데이터를 확보한다. 애플의 다양한 디바이스를 구매하고 사용하는 고객들의 데이터도 물론 축적하고 사용할 수 있다. 데이터가 황금인 시대에 애플이 가진 큰 경쟁력은 수십억 대의 애플 디바이스가 전 세계에서 사용되고, 이 과정에서 고객들이 끊임없이 데이터를 생성한다는 점이다.

2019년 애플이 연례보고서에 공개한 사업부문별 매출 비중을 보면 아이튠즈, 애플TV+, 헬스케어 등의 서비스 비중이 20%에 근접해가고 있다. 애플이 구독 서비스를 출시하고 애플TV+ 사업을 본격적으로 확대하고 있는 만큼 서비스 부문의 매출 비중은 앞으로 더 커질 전망이다. 아이폰이나 맥북 등 디바이스 제품은 교체주기가 있어서 매출 공백이 생기는 반면, 콘텐츠 서비스는 마진율이 높고 매출 공백이 없어 수익이 안정적으로 확보된다는 이점이 있다. 이에 애플은 서비스 기업으로 빠르게 변모해 가고 있는 중이다.

　마이크로소프트 또한 초거대 소프트웨어 기업이지만 페이스 북이나 구글 등 다른 기술기업에 비해 고객접점이 상대적으로 적기 때문에 데이터 접점 확보에 갈증을 느끼고 있다. 아마존이 나 알리바바처럼 전자상거래 분야에서 특별한 두각을 나타내지 도 못하는 데다 검색 서비스인 빙(Bing)의 시장점유율은 3%에 도 미치지 못하는 실정이다. 소셜미디어 분야에서도 압도적 리 더인 페이스북이나 유튜브를 소유한 구글에 비해 마이크로소프 트의 경쟁력은 취약하다. 오피스365와 B2B 소프트웨어 사업에 서 강점이 있는 마이크로소프트는 2016년 262억 달러를 주고 비즈니스에 특화된 소셜미디어인 링크드인을 인수했는데, 이는 마이크로소프트가 잘하는 분야에서 고객접점과 데이터를 확보 해 기존 사업과 시너지 효과를 일으키겠다는 전략이다.

　데이터 확보를 위한 기업들의 전쟁은 현재진행형이다. 페이스 북, 아마존, 넷플릭스, 구글 등 이른바 'FANG'으로 대표되는 디 지털 기술기업들이 고객과 직접 접촉해 많은 데이터를 확보하 여 태생적으로 경쟁력을 갖는다는 것은 일견 당연해 보인다. 그 렇다면 기술기업이 아닌 여타 다른 기업들은 어떻게 고객접점을 확보하고 데이터를 모을 수 있을까? 디지털 기술기업에게서 배울 점은 많지만 여타 다른 기업들은 이들과 출발선이 다르다는 점을 인정해야 한다. 그렇다면 태생적으로 정보기술과 디지털 기술에 기반하지 않은 전통적인 기업들은 데이터 확보를 위한 경쟁에 어떻게 나서야 할까?

　최근 상대적으로 규모가 작은 기업이나 자영업자들도 디지털 전환의 혜택을 볼 수 있도록 도와주는 기업들이 생겨나고 있다. 세일즈포스(Salesforce)나 스퀘어(Square) 같은 기업들은 고객사에 거래와 데이터 수집을 할 수 있는 플랫폼을 제공한다. 세일즈포스는 '데이터 과학과 인공지능의 민주화'라는 미션을 가지고 중소기업의 IT 관리를 지원한다. 쇼피파이(Shopify)라는 기업은 소형 온라인 스토어를 만들고 창업하는 과정에 필요한 솔루션을 제공한다. 이들 기업을 활용하면 한 번에 큰 비용을 들이지 않더라도 구독 방식으로 데이터 관리는 물론 기업 활동에 필요한 솔루션을 제공받을 수 있다.

　내 기업의 데이터를 외부에 의존하는 것이 이상적이지 않다고 생각할 수 있지만, 창업 초기 단계이거나 규모가 작은 기업들은 외부 서비스를 활용해 데이터를 효율적으로 관리하고 비용을 절감할 수 있다면 전략적으로 좋은 선택이 될 수 있다. 이러한 강점을 입증하듯이 최근 세일즈포스나 스퀘어, 쇼피파이의 주가 흐름은 유사한 모양을 보이며 엄청나게 성장하고 있다. 한국에도 이와 유사한 서비스를 제공하는 기업들의 성장세가 이어지고 있다. 다양한 규모와 목적을 가진 기업들이 성공적으로 디지털 전환을 추진할 수 있도록 B2B 서비스를 제공하는 기업이 더 늘어나고 서비스도 개선된다면 개별 기업은 물론 국가 전체적인 디지털 전환을 달성하는 데에도 큰 도움이 될 것이다.

DT 법칙 체크리스트

1. 우리 기업의 활동에서 이미 만들어지고 있으나 누구도 활용하지 않는 데이터는 없는지 찾아보자.

2. 고객을 직접 만날 수 있는 접점은 어디인지, 그리고 고객으로부터 어떤 디지털 정보를 얻을 수 있는지 파악하자.

3. 내가 감으로 알고 있는 우리 고객의 모습이 데이터가 말해주는 바와 같은지 확인해보자.

4. 시스템을 직접 갖출 수 없다면 사오거나 빌려도 된다. 우리 기업의 상황과 규모에 맞는 적절한 데이터 서비스를 찾아보자. 그들을 통한 디지털 전환이 가능한지 확인해보자.

혁신적 기술 대신 고객경험의 혁신에 집중하라

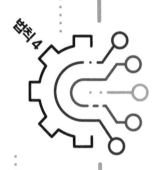

세상에서 가장 행복한 공간을 재창조한 디지털 마법

디즈니랜드는 전 세계 어린이들이 가보고 싶어 하는 최고의 여행지로, 코로나19 유행 이전인 2018년에는 총 5800만 명이 방문했다.

디즈니랜드 방문예약을 한 관광객들은 '마법의 팔찌'(magic band)를 받는데, 이것만 있으면 디즈니랜드에서 말 그대로 마법 같은 서비스를 받을 수 있다. 마법이 가능한 이유는 RFID(Radio Frequency Identification) 기술 덕분으로, 매직밴드만 차고 있으면 디즈니랜드 입장은 물론 놀이기구를 탈 때 체크인을 할 수 있고 기념품이나 먹거리 결제도 될뿐더러 디즈니 리조트의 호텔 열쇠로도 사용할 수 있다. 올랜도 공항에 도착하면 무료 셔틀버스를 타고 리조트로 이동하는데 이때 매직밴드가 있으면 비행기에서 내린 짐을 투숙할 방으로 가져다준다. 호텔에 도착하면 줄을 설 필요 없이 매직밴드로 체크인하고 바로 방으로 들어갈 수 있다.

대기시간을 획기적으로 줄여주는 디즈니 매직밴드 (사진출처 : 디즈니파크 블로그)

'세상에서 가장 행복한 공간'이 모토인 디즈니랜드는 수많은 인파가 몰리는 터라 어딜 가나 엄청난 대기시간이 골칫거리였다. 체력도 인내심도 약한 아이들이 놀이기구 하나를 타기 위해 1시간 이상 기다리는 것은 너무 흔한 고통이었다. 이를 개선하고자 디즈니랜드는 '패스트패스'라는 예약 시스템을 도입해 정해진 시간에 해당 놀이기구를 기다리지 않고 탈 수 있도록 했다. 패스트패스에 예약한 내용은 매직밴드와 연동된다. 미리 코스를 계획해서 예약만 해두면 대기시간을 최소화할 수 있는 개인맞춤형 시스템인 것이다. 디즈니랜드 곳곳에서 전문 사진사가 찍어준 사진은 매직밴드를 통해 '마이 디즈니 익스피리언스 앱'과 연동되어, 관광이 끝난 뒤 소장하고 싶은 사진을 손쉽게 고를 수도 있다.

매직밴드와 연동된 '마이 디즈니+'는 고객이 느끼는 경험의 만족도를 높이는 것은 물론 고객이 무의식적으로 남기는 데이터를 모으는 역할도 한다. 매직밴드를 통해 디즈니는 고객의 관람 패턴 및 구매 행동을 파악하고 AI 기술을 활용해 적정수의 직원이 적재적소에 투입되도록 예측모델을 만들 수 있게 되었다. 디즈니랜드 곳곳에서 판매하는 기념품도 고객들의 구매행동 데이터를 분석해 재고관리가 가능하다.

매직밴드를 중심으로 한 끊김 없는(seamless) 관람 시스템을 갖추기 위해 디즈니는 10억 달러의 투자를 단행했다. 디즈니월드 홈페이지를 전면 재정비하고 디즈니가 운영하는 호텔과 리조트의 도어락도 모두 교체했다. 또한 디즈니랜드 곳곳에 와이파이 시설을 설치하고 매직밴드를 인식하는 밴드 리더기를 리조트에 배치했다. 새로운 시스템을 문제없이 운영할 수 있도록 7만여 명의 직원을 재교육한 것은 물론이다. 디즈니의 CEO 밥 아이거(Bob Iger)는 "기술이 상상력의 한계를 넘고 엔터테인먼트와 레저의 가능성을 변화시키고 있다"고 말하며 디즈니랜드의 디지털 전환을 진두지휘했다. 결과적으로 공격적인 투자는 성공적이었다. 고객 대기시간은 줄어들었고 더 많은 방문객이 디즈니랜드를 찾았으며 고객만족도는 높아졌다. 자연스럽게 디즈니랜드의 재무적 성과는 더욱 향상되었다.

디즈니가 CEO의 진두지휘 아래 전면적인 디지털 투자를 단행한 것은 사실이지만, 실상 적용된 것은 엄청난 연구 개발이 필요한 최첨단 기술이 아니라 다른 산업군에서는 이미 범용화된 RFID 기술이다. 즉 디즈니가 추진한 디지털 전환의 핵심은 기술 그 자체가 아니라, 지나치게 긴 대기시간이 고객불만을 일으키는 가장 심각한 요소임을 정확히 파악하고 문제를 해결하기 위해 디지털 기술을 활용했다는 것이다.

디지털 기술을 만드는 것이 업의 본질인 IT 기업이 아닌 다음에야 대다수의 기업은 시장에서 구입할 수 있는 기술을 사업에 잘 적용하는 것으로도 가치를 창출할 수 있다. 중요한 것은 가장 선도적인 기술에 있는 것이 아니라, 고객가치를 높인다는 디지털 전환의 기본 철학을 어떻게 구현하는가에 달려 있다.

이는 스타벅스 코리아가 성공적으로 추진한 것이기도 하다. 스타벅스 코리아는 이미 2014년부터 비대면 개념의 '사이렌 오더'라는 플랫폼을 개발해 고객들에게 만족스런 디지털 경험을 제공해왔다. 한국 직장인들이 점심을 먹은 후 스타벅스에 몰려와 길게 줄 서는 것을 관찰한 스타벅스 코리아는 일종의 모바일 주문 및 결제 서비스인 사이렌 오더 시스템을 만들었다. 스타벅스 앱에 있는 사이렌 오더 메뉴를 통해 미리 음료와 음식을 고르고 가까운 매장을 선택해 주문을 보낼 수 있다. 주문승인, 음료제조, 제조완료 등의 순차적인 과정은 모바일을 통해 실시간 고객에게 전달된다. 덕분에 고객은 매장에 가서 줄을 서는 대신 빈 좌석에 앉아서 동료와 대화하며 편안하게 음료를 기다릴 수 있다.

스타벅스 코리아가 발표한 자료에 의하면, 스타벅스의 사이렌 오더 주문 건수는 코로나19 발생 초기인 2020년 1~2월에만 800만 건을 넘어서며 전년 같은 기간 대비 25% 이상 증가했다. 2019년 누적 주문 건수는 1억 건을 돌파했으며, 2020년 전체 주문 건수 가운데 약 22%가 사이렌 오더를 통해 이루어졌다. 미국에서도 팬데믹 기간인 2020년 4분기 전체 스타벅스 주문의 24% 가량이 미국식 사이렌 오더인 '모바일 오더'로 이루어졌다.[17]

잘 알려진 대로 스타벅스는 고객과 시선을 맞추며 주문내역을 확인하고, 고객의 이름을 직접 불러 메뉴를 건네는 등 아날로그적 관계 형성에 공을 들이는 기업이었다. 그러던 스타벅스조차 디지털로 이동하는 고객의 라이프스타일에 발맞춰 편리한 주문 시스템을 만들어내고 있다. 단순히 모바일 앱으로 주문하고 줄을 서지 않는 정도를 넘어, 개인 입맛에 맞춘 레시피를 모바일에 저장해 주문할 수 있는 서비스를 제공하고 단골 고객에게는 결제 후 차별화된 디지털 보상을 주는 것까지, 커피를 주문하고 결제하고 즐기는 모든 단계에 디지털이 개입해 최상의 스타벅스 사용자 경험을 제공하며 '디지털 플라이휠'(digital flywheel)을 확장해가고 있다.

스타벅스가 정교하게 설정한 디지털 플라이휠을 통해 사람들은 디지털 전환 시대에 맞는 혁신적인 고객경험을 자연스럽게 느끼게 된다. 친구와 함께 스타벅스에 방문했을 때 줄 서지 않고도 좋아하는 스타일로 알아서 주문이 완료되는 모습을 본다면, 그 고객 또한 스타벅스가 만든 모바일 생태계에 들어가고 싶어지지 않을까?

스타벅스의 디지털 고객경험을 만들어낸 사이렌 오더의 핵심 기술은 비콘(Beacon)이란 근거리 무선통신 장치 기술이다. 블루투스 기반의 비콘을 고주파 방식으로 향상시켜, 고객의 앱에서 인근 스타벅스 매장에 설치된 비콘으로 주문과 결제가 가능하도록 만든 것이다. 디즈니 매직밴드의 RFID가 그랬듯이 비콘 또한 그리 복잡한 기술은 아니다. 다만 매장에 긴 줄이 생기는 부정적인 고객경험을 줄여주기 위해 해결방안을 찾다 보니 자연스럽게 사용하게 된 상용 기술이다.

이처럼 혁신적인 고객경험을 만든 사례를 보면, AI처럼 복잡하고 비용이 많이 드는 기술을 사용해 혁신을 만든 경우만 있는 것이 아니다. 결국 중요한 것은 어떤 기술을 사용할 것인가가 아니라, 변화된 고객들에게 어떠한 디지털 고객경험을 전달할 것인가다.

기술과 함께 디지털 전환의 원동력이 되는 데이터 역시 마찬가지다. 과거에는 데이터를 중심으로 해당 데이터가 줄 수 있는 고객경험을 찾았다면 이제는 고객을 중심으로 고객이 원하는 경험을 파악하고, 적합한 서비스나 제품을 데이터를 통해 만들어내는 방향으로 가고 있다.

데이터를 어떻게 꿰어서 보석을 만들 것인가

'구슬이 서 말이라도 꿰어야 보배'라는 옛말이 있다. 아무리 좋은 것이라도 쓸모 있게 정리하고 다듬어야만 가치가 생긴다는 뜻이다. 비슷한 맥락으로 데이터 전문가들은 '데이터가 많아도 잘 꿰어야 보물이 된다'고 말하곤 한다. 과거에는 많은 데이터를 확보하는 것 자체가 목표였다면, 이제는 모아둔 데이터를 잘 꿰어서 고객경험을 향상시키는 보배로 만드는 작업에 많은 기업이 공을 들이고 있다.

대표적인 최근 사례가 SK텔레콤이 2020년 7월에 내놓은 이용자 맞춤형 맛집 추천 서비스인 'T맵 미식로드'다. SK텔레콤의 내비게이션 서비스인 T맵의 빅데이터를 분석해 맛집을 큐레이션해주는 서비스다.

운전하면서 쌓이는 내비게이션 데이터를 가지고 이들은 왜 하

T맵 미식로드 (사진출처 : SKT Insight)

필 맛집 추천 서비스를 만들었을까? 아마 SK텔레콤은 쌓아둔 빅데이터란 구슬을 잘 꿰어서 현재 고객들의 니즈를 해결하고, 나아가 이상적인 고객경험을 주는 서비스를 만들고자 고민했을 것이다. 고민의 해답은 멀리 있지 않았다. 일상생활에서 사람들이 인터넷 검색을 가장 많이 하는 정보는 무엇일까? 제일기획이 자체 패널 2519명의 온라인 행동 데이터와 소셜미디어 상의 입소문을 분석한 결과에 따르면 '엔터테인먼트'가 1위였고, 그다음으로 많이 검색하는 정보는 '음식'이었다. 하루에도 몇 번씩 우리는 이른바 '○○맛집'을 검색한다.

문제는, 맛집 검색 결과에 대해 최근 소비자들의 불만이 폭발하고 있다는 것이다. 시장조사 기관 엠브레인의 조사에 따르면 응답자의 70.1%가 '맛집이라고 소개되는 음식점 대부분은 광고나 홍보의 힘 덕분이다'라고 대답했다. 한마디로 '강남 맛집'이라고 검색했을 때 나온 정보를 정작 소비자들이 신뢰하지 않는다는 것이다. 이러한 불만을 반영하듯 인터넷에는 '가짜 맛집 후기 구별하는 법'을 손쉽게 찾아볼 수 있다.

이런 마당에 진짜 맛집을 찾아주는 서비스가 있다면 젊은 디지털 네이티브들에게 사랑받지 않겠는가? 그래서 만들어진 것이 바로 'T맵 미식로드'다. T맵 사용자 2500만 명이 남긴 비식별(de-identificaiton, 데이터를 남긴 개인의 정체성이 공개되지 않도록 가공된) 데이터를 기반으로 실제 방문한 식당기록을 맛집 검색에 결합시킨 것이 서비스의 핵심이다. 연남동에 있는 유명 레스토랑 이름을 T맵에 찍고 실제 운전해서 찾아갔다면, 해당 운전자가 그 레스토랑에서 식사를 했다는 것으로 볼 수 있다. 기존 맛집 검색이 주관적인 의견이 태반인 데다 홍보용 게시물이 다수였던 반면 T맵의 맛집 추천 서비스는 객관적인 사실, 즉 해당 음식점에 얼마나 많은 사람이 방문했는지 보여주는 데이터에 기반해 추천해주기에 더 확실하고 믿을 수 있다.

나아가 T맵 미식로드는 운행 기록 데이터와 다른 데이터를 결합해 이용자 맞춤형 맛집 검색 서비스를 제공하고자 노력했다.

연령대나 성별, 혹은 아이와 함께 가는지를 선택하면, 해당 조건의 사람들에게 딱 맞는 그 지역의 맛집을 추천해준다. 기존의 검색 기반 맛집은 해당 게시물을 남긴 이의 성별과 나이를 추측할 수밖에 없기에 '어떤 성별, 연령대의 사람이 어떤 식으로 후기를 남겼는지'와 관련된 교차정보가 활용되기 어려웠는데, 그 지점에서 차별화된 정보를 제공하는 것이다.

여기서 끝나는 게 아니다. '현지인이 가는 맛집이 진짜 맛집'이라는 이야기가 있다. 그래서 방문한 음식점과 거주지 주소가 동일 지역권 내에 있는지 분석해, 해당 지역에 처음 방문한 사람이라도 현지인들이 자주 가는 맛집을 손쉽게 찾아볼 수 있도록 정보를 제공한다. 인스타그램 해시태그와 같은 외부 데이터를 교차분석해서 인스타그래머블(Instagramable)한 카페나 음식점을 추천하기도 하고, 인근에 사람들이 많이 가는 관광지 데이터를 결합해서 식사 후 들를 만한 곳을 알려주기도 한다.

SK텔레콤은 내비게이션 앱에 쌓인 운행 정보 데이터를 가지고, 어찌 보면 기존 서비스와 큰 연관 없어 보이는 영역에서 고객경험을 향상시켜 주는 서비스를 만들었다. 결국 중요한 것은 데이터를 모으는 것이 아니라, 데이터를 사용해서 어떠한 고객경험을 제공할 것인가다. T맵 미식로드는 소비자들이 무의식적으로 흘린 데이터를 잘 꿰어서 사용자 경험을 높일 수 있는 의미 있는 보석을 만들어냈다.

구글의 기술로 즐거움을 배달하는 버거킹

운전하는 사람들에게 최악의 경험 중 하나는 꽉 막힌 도로에서 할 일 없이 무료하게 시간을 보내는 것이다. 이것보다 더 최악이라면 교통체증에 막혀 끼니를 거르게 되었을 때 아닐까. 세계 곳곳에 교통체증으로 악명 높은 도시가 있는데 그중에서도 손꼽히는 곳이 멕시코시티다. 멕시코시티 사람들은 출퇴근하느라 하루 5시간을 도로에서 보낸다고 한다. 엄청난 시간과 에너지를 낭비하게 하는 교통지옥에서, 버거킹은 '교통체증을 즐기는' 고객경험을 선사해 센세이션을 일으켰다.

버거킹의 '트래픽 잼 와퍼 프로젝트'(Traffic Jam Whopper Project)는 교통체증에 발이 묶인 배고픈 운전자들에게 햄버거를 빠르게 배달해주는 서비스다. 물론 디지털 기술을 통해서다. 우선 GPS 데이터를 활용해 교통정체가 심한 구간을 찾는다. 그런 다음 30분 이상 교통정체 구간에 묶여 있는 운전자들에게 옥외 광고판을 통해 위트 있는 메시지를 보낸다. "앞으로 50분 정체가 예상됩니다. 지금 바로 차에서 버거킹을 주문하세요!"(You will be stuck for 50 MIN. Order to your car NOW!) 그러고는 메시지에 노출된 운전자가 배달 가능 구역으로 진입하면 푸시 알람으로 재차 와퍼 구매를 유도한다. 구글 API(Application Programming Interface) 기술을 활용한 서비스다.

와퍼를 주문하면 스마트폰의 버거킹 앱을 통해 몇 분 후에 도로 어디쯤에서 햄버거를 받을 수 있는지 확인 가능하다. 도로에서 위험하게 스마트폰을 조작하지 않도록 주문은 음성명령으로 이루어진다. 배달은 교통정체에 영향 받지 않는 오토바이가 맡는다. 멕시코와 캘리포니아 등 일부 지역에서는 차로 간 주행이 불법이 아니어서 15분 전후로 신속한 배달이 가능하다. 운전자는 갓 만든 따뜻한 와퍼로 배고픔도 채우고 지루함도 달랠 수 있다.

고객의 주행 데이터와 위치 데이터를 이용해 막힌 도로 위에서 주문하고 배달받을 수 있게 한 버거킹의 시도에 고객들은 폭발적인 반응을 보냈다. 멕시코시티에서 시범 프로젝트를 시행한 지 한 달 만에 배달 주문량이 약 63% 늘었고, 배달 앱 다운로드 또한 44배나 증가했다. 고객 반응에 고무된 버거킹은 미국의 다양한 지역에 이 서비스를 확장할 계획을 발표했다.

버거킹의 프로젝트는 혁신적이지만 기술이 혁신적인 것은 아니다. API는 이미 상용화된 기술인 데다 자체 개발한 것도 아닌 구글 서비스다. 버거킹은 데이터나 기술이 아니라 고객들이 불편해하는 순간을 우선적으로 파악했다. 그중 그들의 서비스를 통해

버거킹 매장 근처 교통체증 구간에 진입하면 와퍼 광고를 볼 수 있다. (사진출처 : 유튜브 광고)

고객경험이 향상될 수 있는 상황을 설정하고 분석한 후, 이를 실현시켜줄 데이터를 찾았다는 것이 핵심적인 성공 요인이다.

디지털 전환 시대에 통하는 고객경험은 무엇인가

'고객만족'은 경영학, 그중에서도 마케팅 분야의 제1원칙이다. '좋은 제품을 만들면 팔린다'에서 '고객이 원하는 것을 파악해 그에 부응하는 제품을 만든다'로 경영학 전반의 전략이 옮겨간 지도 오래다. 결국 고객에게 만족감을 주는 사용자 경험을 전달하는 것이 모든 기업 활동의 핵심이다. 하지만 고객을 만족시키는 경험의 기준은 끊임없이 변화한다. 모든 기업이 외부 환경 변화에 노출되는 것과 마찬가지로 고객들도 변화하는 세상에 살아가면서 변화를 마주한다.

인간의 삶이 디지털로 옮겨가면서 이에 걸맞은 고객경험은 무엇인지, 그에 대한 이해가 어느 때보다 절실한 실정이다. 변화된 환경에 영향 받는 고객들은 과거에는 요구하지 않던 것들을 새롭게 요구한다.

무엇보다도 디지털 서비스에 대한 고객들의 기대치 자체가 월등히 높아졌다. 여기에 더해 코로나19로 사람들의 라이프스타일이 급격하게 디지털로 옮겨가면서, 기업은 하루 빨리 새로운 환경에 맞는 고객경험을 설계해야 하는 과제에 봉착했다. 예컨대 100년 전통을 자랑하는 강남 냉면집이라면 과거에는 최상의 식재료와 육수 상태를 유지하고 손님을 잘 응대하는 것이 고객경험을 설계하는 중심이었겠지만, 이제는 방문한 고객이 음식에 만족해서 추후 배달 주문을 할 경우 어떤 플랫폼에 입점해서 어떻게 포장해서 넣을 것인가 역시 고민해야 한다. 과거에는 신선도 때문에 음식만큼은 오프라인 매장에서 직접 눈으로 보고 구매하는 성향이 있었다. 그런 이유로 음식 분야는 온라인 확장성이 가장 낮았다. 그러나 코로나19를 계기로 온라인으로 식품을 배달해 집에서 먹는 분위기가 확산되고 있다. 음·식료품마저 절반 이상이 온라인에서 구매될 만큼 온라인 구매가 일상화된 디지털 시대에, 변화된 고객경험을 빠르게 읽어내고 만족시키는 것은 그만큼 중요해졌다.

동원 홈푸드는 더반찬(The Banchan)이란 온라인 플랫폼을 통해 2~4인이 한 끼에 먹을 수 있는 반찬류와 국거리를 판매하고 있다. 고객은 주문한 음식의 재료를 손질하고 조리하고 포장하는 전 과정을 홈페이지나 앱의 라이브 영상으로 직접 볼 수 있다. 온라인으로 배송되는 제품의 상태를 미리 확인하고, 안전하게 포장되었음을 보증해주었던 리얼패킹(realpacking, 운송장 바코드 단위로 포장과정을 촬영해 고객에게 발송하는 솔루션)을 넘어 이제는 제품이 만들어지고, 포장되고, 배달되는 과정 자체를 온라인 플랫폼을 통해 투명하게 소비자들에게 전달하는 시대다.

결국 중요한 것은, 디지털 전환 시대에 사람들이 원하는 고객경험이 어떻게 달라졌는지 다시 면밀하게 살펴보고 재설정하는 것이다. SK텔레콤의 T맵 미식로드나 버거킹의 트래픽 잼 와퍼 프로젝트처럼, 고객이 만족하지 못하는 부분을 채워주기 위한 수단으로서 데이터를 찾는 것이 중요하다. 디지털 전환 시대 데이터는 그 자체로 중요한 게 아니라, 고객이 원하는 바를 읽어내고 향상된 고객경험을 선사하는 도구로 쓰일 때 가치가 있다.

기술을 바라보는 시각 역시 마찬가지다. 디지털 전환이라고 해서 거창하고 대단한 기술을 상상할 필요는 없다. 디지털 전환이라 하면 우리는 AI, 머신러닝, VR, AR, 클라우드 컴퓨팅, 엣지 컴퓨팅 등 멋진 용어를 떠올리곤 한다. 이런 기술적 혁신은 다양한 분야에 엄청난 잠재력을 가지고 있지만, 대부분 우리 회사의 비즈니스와 거리가 있다고 느껴지는 것도 사실이다. 손에 잡히지 않는 기술만 이야기하다 보면 디지털 전환이 뜬구름 잡는 먼 이야기처럼 느껴질 수 있다. 하지만 기술적 혁신은 여러 가지 고민과 정보, 아이디어가 모여 만들어지는 일종의 패치워크다.

주변을 돌아보면 당장 사용할 수 있는 기술, 개발된 지 오래됐으나 제대로 활용되지 않는 기술이 많이 있다. 디즈니와 스타벅스의 사례처럼, 기술 자체에만 집중하지 말고 회사가 제공하는 기본적인 가치와 고객경험의 향상을 중심에 두고 생각하면 기술의 활용방안이 더 가깝게 다가올 것이다.

기업이 가지고 있거나 새롭게 생성하는 데이터를 디지털화하고 이를 활용할 기술이나 프로세스를 갖추었다면 디지털 전환을 위한 기초적인 준비가 된 것이다. 그다음은 고객경험을 향상시키기 위해 기업이 가진 자원과 역량을 검토하고 디지털 기술로 비즈니스 모델과 밸류체인을 한 차원 높여내는 전략을 수립하는 것이다. 구슬에 해당하는 데이터와, 이 데이터를 결합해 서비스로 만드는 기술을 어떻게 이용해서 고객에게 사랑받는 보배를 만들 것인가? 이것이야말로 앞으로 디지털 전환 시대 기업들이 가장 고민해야 하는 지점일 것이다.

DT 법칙 체크리스트

1. 고객의 입장에서 고객이 갖고 있을 문제 혹은 니즈를 파악하고, 이를 해결하는 최적의 기술을 찾자. 문제는 기술의 부재가 아니며, 문제를 해결할 기술은 어딘가에는 있다. 이미 상용화된 기술에 답이 있을 수도 있다.

2. 고객이 원하는 서비스 혹은 경험을 기존의 데이터나 기술을 이용해 어떻게 제공할 수 있는지 생각해보자.

끊임없이
움직이는
고객을
디지털로
록인하라

법칙 5

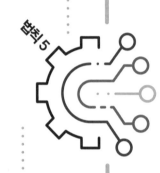

디지털 기술과 채널,
콘텐츠의 바다에서 유목하는 고객을 붙잡아라

미국의 온라인 음악 스트리밍 시장을 대표하는 스포티파이는 애플뮤직, 판도라(Pandora), 아마존뮤직과 같은 강력한 경쟁자들 틈에서 기존의 고객을 유지하면서 이익을 창출하고, 새로운 고객을 유치하고 있다. 그들이 고객을 붙잡아두는 비장의 무기는 추천 알고리즘이다. 일례로 그들이 제공하는 '이주의 발견'(Discover Weekly)은 사용자의 취향이나 상황에 맞춰 전 세계 음원 가운데 추천 리스트 및 플레이리스트를 만들어준다. 만약 사용자가 다른 음악 스트리밍 채널로 옮겨가면 그토록 좋아했던 자신만의 음악 리스트를 잃게 된다. 이 리스트가 고객을 묶어두는 결정적 요소인 셈이다.

다른 예로 구글 안드로이드 사용자가 애플 iOS로 갈아타려 할 때에도 그동안 구매했던 앱과 콘텐츠를 더 이상 사용할 수 없다는 사실에 망설이게 될 것이다. 스포티파이와 구글은 차별화된 서비스와 고유한 플랫폼 생태계를 통해 생성된 전환비용 (switching cost)으로 고객이탈을 막고 있는 것이다.

전환비용이란 '소비자가 현재 사용하고 있는 기술, 제품, 서비스에서 경쟁사의 다른 기술, 제품, 서비스로 전환할 때 발생하는 소비자의 경제적 혹은 심리적 비용'을 말한다.[18] 전환비용이 낮으면 소비자는 기존의 브랜드에서 다른 브랜드로 쉽게 이동한다. 반면 스포티파이나 구글 안드로이드 마켓과 같이 전환비용이 높을 경우 고객은 쉽게 경쟁업체로 이동할 수 없다. 고객이탈의 주요 원인은 고객이 느끼는 새로운 제품/서비스의 본질적 가치가 기존에 이용하던 제품/서비스보다 크거나, 혹은 이용 중인 브랜드의 서비스에 만족하지 못해서다.[19]

다양한 디지털 기술, 채널, 콘텐츠가 넘쳐나는 디지털의 풍요 속에서 고객들은 셀 수 없이 많은 제품, 서비스, 가치 및 정보를 새로 접하고, 이러한 디지털 환경은 고객들이 기존의 제품을 쉽게 재평가하고 새로운 제품으로 전환하게 만드는 역동적인 디지털 소비자 행동을 만들어냈다. 글로벌 컨설팅 업체인 액센추어 (Accenture)의 2020년 보고서에 따르면, 고객의 40%는 사용하는 제품과 경쟁제품을 항상 비교평가하며, 64%의 고객은 브랜드를 갈아탄 적이 있고, 60%의 고객들은 언제든지 브랜드를 바꿀 생각이 있다고 답했다.[20]

〈디지털 시대의 소비 의사결정 여정[21]〉

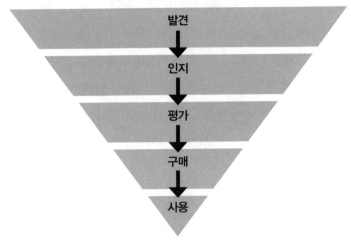

[과거의 구매 여정은 단선적]

발견

인지

평가

구매

사용

[디지털 시대의 구매 여정은 순환적]

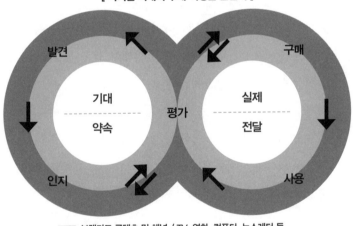

발견

구매

기대
⸺⸺⸺
약속

평가

실제
⸺⸺⸺
전달

인지

사용

■ 브랜디드 콘텐츠 및 채널 / TV, 영화, 컴퓨터, 뉴스레터 등
■ 오픈 콘텐츠 및 채널 / 트위터, 페이스북, 인스타그램, 유튜브 등

역동적	접근 가능	지속적

고객이탈은 기업의 생존과 직결되기 때문에 경영학에서는 고객이탈을 막는 전략이 꾸준히 연구되고 있다. 그중 하나로 고객 록인 전략(customer lock-in)이 있다. 록인 전략이란 전환비용을 높여서 고객의 이탈을 막고 내 생태계에 만족할 수 있도록 서비스의 질과 폭을 향상시키는 활동이다. 록인 전략을 통해 기업은 장기적이고 지속적인 가치를 창출할 수 있으며, 이는 기업의 경쟁력 강화로 이어진다.[22] 즉 록인 전략은 그 자체로 혁신을 이끌어내는 전략인 셈이다.

록인 전략이 성공하려면 고객들을 위한 다양한 가치와 편리한 이용방법을 제공하고, 통합된 플랫폼을 통해 시장을 대표하는 표준화된 기술이나 제품을 선보여야 한다. 기업이 제공하는 제품/서비스를 응용하거나 변환하여 고객에게 제공하는 응용서비스 업체들(complementors)을 잘 관리해야 함은 물론이다. 생산성 향상보다는 수익창출에 중점을 두고, 기업 내부적인 문제나 성과보다는 고객이 찾는 가치와 니즈를 파악하는 데 집중하는 것도 놓치지 말아야 할 점이다. 그럼으로써 고객에게 차별화된 경험을 선사하는 에코시스템(ecosystem) 혹은 플랫폼을 만든다면 고객은 이곳을 떠나지 못할 것이다.

최근의 디지털 생태계는 록인 전략을 크게 두 가지 방향으로 실현하고 있다. 하나는 구독 서비스를 토대로 한 새로운 고객가치 및 서비스 창출이고, 다른 하나는 클라우드 컴퓨팅을 기반으로 한 통합 플랫폼 구축이다. 이제는 많이 익숙해진 구독경제는 유료회원들에게 새로운 서비스를 다양하게 제공하는 디지털 생태계를 만듦으로써 기존의 고객들이 떠나가지 못하도록 붙잡고 새로운 고객을 유치하는 데 유용하다. 고객들이 다양한 디바이스에서 생태계가 제공하는 서비스와 콘텐츠를 경험할 수 있도록 클라우드 컴퓨팅을 기반으로 한 통합 플랫폼을 구축함으로써 고객이탈을 방지할 수도 있다. 많은 기업이 이러한 시도를 하고 있는데, 그중에서도 아마존과 마이크로소프트, 베스트바이의 사례는 디지털 시대에 우리 기업들이 어떻게 고객을 붙잡을 수 있는지에 대한 실마리를 제공한다.

DT 기반 구독 서비스로 추격을 따돌린다

앞서 말했듯 아마존은 설립 초기 오프라인 매장 없는 온라인 서점으로 시작했다. 2004년 이미 아마존의 매출은 70억 달러를 기록하며 전 세계 전자상거래 시장 1위에 올라섰지만, 여전히 거대한 오프라인 유통업체들과 이베이 등 온라인 경쟁자들의 도전에 시달리고 있었다. 이 시기에 아마존은 어떻게 경쟁자들의 추격을 따돌리고 온라인 시장을 장악해 나갔을까?

그 답은 온라인 플랫폼과 클라우드 서비스를 기반으로 아마존 프라임 멤버십 서비스(Amazon Prime Membership)에 집중해 고객을 아마존 세계에 묶어놓은 구독경제 모델에 있지 않을까 한다. 미국에만 1억 2600만 명의 아마존 프라임 가입자가 있다.[23] 미국 인구의 3분의 1 이상에 해당하는 숫자인데, 프라임 멤버십을 가족이 공유해서 사용할 수 있기 때문에 실질적으로는 미국 가구의 절반 이상이 프라임 회원이라고 해석할 수 있다. 2020년 프라임 연회비는 119달러로 결코 저렴하다고 할 수 없는데, 이는 역설적으로 프라임 회원들의 충성도와 수익성이 매우 높다는 것을 보여준다.

아마존은 프라임 멤버십을 통해 고객들이 의식적, 무의식적으로 아마존 서비스를 정기적으로 이용하게 만들고 구독자들의 평균 주문량과 고객평생가치를 향상시키는 데 기업의 역량을 집중했다. '2일 내 무료배송'을 내걸고 서비스를 시작할 당시 연회비는 79달러였다. 2일 이내 배송료가 약 9달러였으니 연 10회만 아마존을 이용하면 소비자가 이득을 보는 시스템을 구축한 것이다. 배송 비용 부담은 늘겠지만, 아마존이라는 생태계에 소비자들이 더 자주 방문하고 더 많은 시간을 보내는 것이 출혈경쟁에서 살아남는 유일한 길이라고 판단한 결과다. 아마존은 프라임 멤버십을 시작으로 가정에서 자주 소비하는 물건을 5.99달러의 비용에 배송해주는 프라임 팬트리(Prime Pantry), 식료품 당일배송 서비스인 아마존 프레시(Amazon Fresh) 등의 새로운 구독 서비스를 연이어 선보이고 있다. 일상용품을 정기구매하면 할인해주는 서비스도 지속적으로 제공한다.

　나아가 자신의 생태계에 들어온 소비자들을 효과적으로 묶어두는 록인 전략을 다양한 방식으로 구사한다. 무료배송 서비스가 익숙하다 못해 지루해지고 멤버십 고객들의 만족도가 떨어질 즈음, 이번에는 콘텐츠를 기반으로 한 무료 혜택을 제공하기 시작했다. 2011년 2월에는 클라우드 기반 스트리밍 서비스인 '아마존 프라임 비디오'를 론칭하고, 멤버십 가입자들이 플랫폼에 있는 영화 및 TV 프로그램을 인터넷 스트리밍으로 시청할 수 있게 했다. 고객이 원하는 유형/무형의 서비스를 다양한 방식으로 제공해 기존 멤버십 회원에게는 만족감을 주고, 아마존을 가끔 이용하는 사람들에게는 프라임 멤버십에 가입하지 않으면 손해라 여겨지게 만들었다.

　이러한 아마존의 전략은 정확하게 맞아 떨어졌다. 2009년 200만 명이던 가입자는 2019년 12월 기준으로 자그마치 1억 1200만 명까지 늘었다. 가입자가 증가하고 이들이 아마존에서 보내는 시간이 늘어남에 따라 매출 역시 폭발적으로 상승했다. 2018년에 멤버십 회원이 연간 아마존에서 쓴 돈은 평균 1400달러로, 가입하지 않은 고객이 쓴 돈의 2배가 넘는다. 멤버십 서비스를 통해 아마존의 충성고객을 늘리는 데 성공한 것이다. 아마존 프

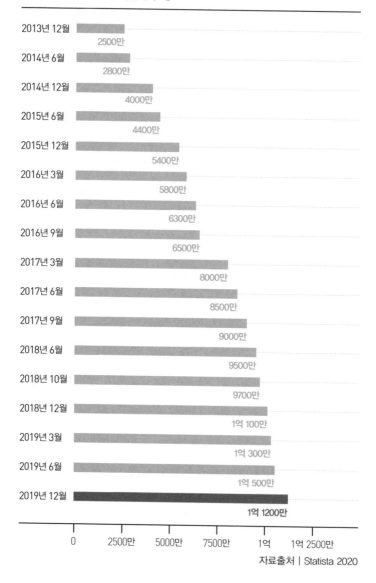

〈미국 내 아마존 프라임 가입자 추이〉

2013년 12월	2500만
2014년 6월	2800만
2014년 12월	4000만
2015년 6월	4400만
2015년 12월	5400만
2016년 3월	5800만
2016년 6월	6300만
2016년 9월	6500만
2017년 3월	8000만
2017년 6월	8500만
2017년 9월	9000만
2018년 6월	9500만
2018년 10월	9700만
2018년 12월	1억 100만
2019년 3월	1억 300만
2019년 6월	1억 500만
2019년 12월	1억 1200만

0   2500만   5000만   7500만   1억   1억 2500만

자료출처 | Statista 2020

라임 멤버십의 가격이 갈수록 올라갔음에도 고객이탈은 많지 않았고, 오히려 신규 유입자들이 늘고 있다. 소비자들 스스로 아마존 멤버십을 가치 있게 여긴다는 방증이다. 실제 2018년 시장조사 기관 JP모건의 분석에 따르면 아마존 프라임 멤버십의 가치는 784달러로, 2016년 544달러, 2017년 697달러에서 매년 증가하고 있다. 아마존 프라임에 고객가치를 주는 서비스가 그만큼 많다는 뜻일 것이다. 2014년에는 아마존 드라이브에 무제한 사진을 저장할 수 있는 서비스를 더하고, 2015년에는 프라임 회원을 대상으로 36시간 동안 50~80%까지 할인 판매하는 '아마존 프라임 데이'를 시작해 '7월의 크리스마스'라는 찬사를 들으며 성공을 거두었으며, 2016년에는 인터넷 게임 방송 트위치의 스트리밍 게임을 무료로 이용할 수 있는 '트위치 프라임'을 추가하는 등, 아마존 프라임에는 고객들이 환영할 만한 서비스가 끊임없이 업데이트되고 있다.

디지털 통합 플랫폼으로 새로운 가치를 만든다

아마존 사례에서 우리가 주목해야 할 부분은 구독 서비스를 기반으로 한 고객 록인 효과(customer lock-in effect)다. 이는 소비자가 제품/서비스 멤버십을 이용함으로써 우리 브랜드를 정기적으로 경험하게 하고, 그를 통해 고객충성도와 전환비용을 높여 경쟁자에게 이동하기 어렵게 만듦으로써 고객을 유지하고 평생고객가치를 올려준다. 아마존은 디지털을 기반으로 한 다양한 유료/무료 구독 서비스를 제공해 프라임 멤버들의 고객충성도를 높이고 이탈을 막는 한편 멤버가 아닌 고객들에게 구독 서비스의 가치를 높여 신규 멤버로 끌어들이고 있다.

록인 효과의 또 다른 예로 마이크로소프트를 들 수 있다. 최근 클라우드 컴퓨팅 기반의 구독서비스 개념으로 기존의 상품을 새롭게 선보여 SaaS(Software as a Service) 시장에서 성공신화를 만들고 있다. 10여 년 전만 해도 '디지털 공룡기업'이라 조롱받았던 마이크로소프트였다. 급변하는 경제상황 및 점점 치열해지는 경쟁에서 노키아, 소니, IBM 등의 디지털 공룡들이 순위권에서 사라지는 와중에 위기의 마이크로소프트는 어떻게 SaaS 시장을 석권하며 우뚝 설 수 있었을까?

그들은 클라우드 컴퓨팅을 기반으로 한 구독모델에서 해법을 찾았다. 2014년에 CEO로 부임한 사티아 나델라(Satya Nadella)는 기존 제품과 서비스를 디지털 플랫폼으로 묶고, 고객에게 구독 서비스를 제공하는 대대적인 디지털 혁신을 이끌어냈다.

클라우드 컴퓨팅이란 인터넷상의 서버를 통해 데이터 저장, 네트워킹, 소프트웨어 구동 관련 서비스를 사용할 수 있는 컴퓨팅 환경을 말한다. 크게 IaaS(Infrastructure as a Service), PaaS(Platform as a Service), SaaS로 나뉘는데, 이 중 마이크로소프트가 역량을 집중한 것은 SaaS였다. SaaS는 인터넷을 통해 소프트웨어 애플리케이션을 주문 또는 구독하는 서비스형 소프트웨어 시장이다. 마이크로소프트는 기존의 라이선스 판매로 운영되던 오피스 제품군을 SaaS 서비스인 '마이크로소프트365'(Microsoft 365)로 출시했다. 마이크로소프트365 이용자들은 온라인에 접속만 하면 다양한 기기에서 오피스 프로그램(아웃룩, 파워포인트, 엑셀, 워드 등)을 비롯한 마이크로소프트의 서비스를 이용할 수 있다.

이러한 클라우드 컴퓨팅의 장점은 코로나19 사태를 맞아 더 부각되고 있다. 회사에 가지 않고도 클라우드에 연결하면 '팀즈'(Teams)로 회의할 수 있고, 모든 일정은 '아웃룩'으로 자동저장 및 연결되며, 공동문서 작업은 '원노트'(One Note)에서 가능하다. 모든 데이터는 '원드라이브'(One Drive)에 저장되고 공유도 할 수 있다. 코로나19로 온라인 수업을 진행해야 하는 전 세계 교육기관의 상당수도 마이크로소프트365를 기반으로 한 통합교육 시스템을 구축하고 있다.

클라우드 컴퓨팅을 통해 언제 어디 어떤 기기에서든 통합화된 서비스를 이용할 수 있다는 점은 디지털 노마드라 불리는 젊은 세대에게 특히 매력적이다. 유지보수 및 보안은 마이크로소프트

〈2019년 전 세계 기업 대상 SaaS 시장점유율〉

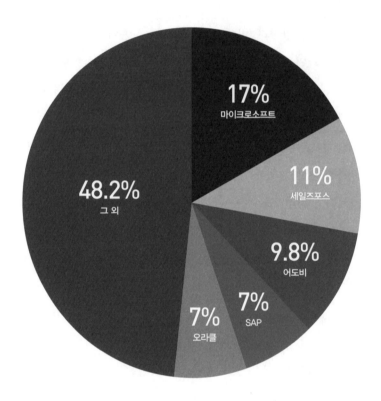

자료출처 | Synergy Research Group

가 책임지고, 고객은 저렴한 가격으로 서비스를 구독하고 이용하기만 하면 된다. 이러한 장점은 구독경제와 결합해 고객이 이탈하지 못하게 하는 구심점 역할을 한다. 일정 비용으로 디지털화된 서비스를 언제든 사용할 수 있게 되면서 사용자의 비용을 줄여주는 데다, 필요할 때마다 구독 서비스 항목을 조정할 수 있어 다양한 서비스를 상황에 맞게 경험할 수 있다. 한편 서비스를 제공하는 기업은 안정적인 수익을 확보할 수 있고, 고객접점이 디지털 플랫폼을 통해 계속 유지되니 연결상품 및 업그레이드 등을 통해 추가적인 수익을 내기도 한결 용이하다. 궁극적으로 디지털 인프라, 플랫폼, 저장공간 및 소프트웨어 애플리케이션의 통합 서비스는 고객이 쉽게 이탈하지 못하게 하는 강력한 무기가 된다.

연구조사기관인 시너지 그룹(Synergy Research Group)의 최근 보고서에 따르면 클라우드 컴퓨팅 시장은 아마존의 AWS가 부동의 1위를 지키고 그 뒤를 마이크로소프트와 구글이 뒤쫓고 있다. 하지만 기업 및 일반 고객을 대상으로 하는 SaaS 시장에서는 마이크로소프트가 1위로 두각을 나타내고 있다. 디지털 전환을 통한 조직문화 개선과 클라우드 전략을 통한 새로운 서비스 창출, 여기에 구독경제에 따른 고객경험 강화 덕분에 마이크로소프트는 연평균 34%의 높은 성장률을 보이며 클라우드 컴퓨팅 시장에서 아마존을 무섭게 따라잡고 있다.

디지털을 결합해 제품이 아닌 경험을 파는 베스트바이

지금까지 살펴본 록인 성공사례는 세계적인 디지털 기업의 이야기였다. 이번에는 반대의(?) 경우를 살펴볼 차례다. 과연 온라인 플랫폼 기업이나 전통의 소프트웨어 기술기업이 아니라도 고객을 디지털 기술로 붙잡아둘 수 있을까? 아마존이라는 온라인 기업이 등장해 서킷시티나 라디오섁 등 전통의 강자들을 집어삼키는 와중에 화려하게 부활한 베스트바이의 혁신 사례에서 이질문에 대한 답을 찾을 수 있다.

2019년 어도비 서밋(Adobe Summit 2019)에서 베스트바이의 CEO 허버트 졸리(Hubert Joly)는 "7년 전 사람들은 우리가 곧 문을 닫을 것이라 예상했지만, 우리는 디지털화된 고객경험관리(CXM)를 통해 아마존과의 경쟁에서 살아남았다"고 선언했다.

그의 말은 과장이 아니었다. 2012년 〈포브스〉는 "왜 베스트바이는 서서히 망해가는가"(Why Best Buy is Going out of Business...Gradually)[24]라는 다소 과격한 제목의 기사를 실었다. 경쟁사인 서킷시티가 파산한 후로도 베스트바이의 시장점유율은 증가하기는커녕 더욱 줄어들었다. 유통업계에서는 흔치 않은 일이었다.

이유는 경쟁환경이 이전과 달라진 데 있었다. 아이폰과 맥북 등의 킬러 아이템을 보유한 애플은 애플스토어라는 자체 매장에서 제품을 판매하기 시작했다. 오프라인 매장이 없어 비용효율성을 갖춘 아마존은 고객들에게 같은 제품을 더 싸게 판매했다. 어느 쪽에도 경쟁우위를 점하지 못한 베스트바이의 비즈니스 모델은 변화된 환경에서 더 이상 먹히지 않는 과거의 유물이 되어가고 있었다.

'쇼루밍'(showrooming)이라는 단어를 들어본 적 있을 것이다. 사람들은 전자제품을 구입하기 전에 실물을 살펴보고 싶어 한다. 온라인 쇼핑에서는 충족되기 어려운 바람이다. 그래서 많은 소비자들은 베스트바이 매장을 방문해 사고 싶은 전자제품을 실제로 보고 판매원의 설명도 듣는다. 그러고는 휴대폰을 열어 가격이 저렴한 아마존에서 주문한다. 고객들의 쇼루밍에 드는 모든 비용은 매장을 운영하는 베스트바이가 부담하고, 아마존은 베스트바이를 자신들의 쇼룸으로 이용하는 상황이 된 것이다.

결국 2012년 충격적인 적자를 기록한 베스트바이는 변화를 위해 CEO를 교체했다. 새로 CEO가 된 허버트 졸리는 전자제품이나 유통업이 아니라 호텔과 여행업에서 경력을 쌓아온 사람이었다. 고객 응대가 중요한 산업에서 다진 경력을 바탕으로 그는 '리뉴 블루'(Renew Blue)라는 슬로건 아래 고객경험 향상에 중점을 둔 총체적인 변화를 추구했다.

"우리가 최저가격을 보장해준다면 쇼루밍을 하러 온 고객들이 왜 굳이 다른 곳에서 제품을 사겠는가?"

허버트 졸리는 온라인 업체는 줄 수 없는 고객경험을 기본으로, 디지털 역량을 강화해 효율성을 높이는 것이 베스트바이의 핵심 경쟁력이라 보았다. 프라이스 매칭 정책을 시행해 다른 업체의 가격이 더 싸다는 것을 입증하기만 하면 그 가격에 제품을 판매했다. 물류효율성을 높여 가격을 낮추기 위해 미국 내 매장을 2013년 1465개에서 2018년 1265개까지 줄였고 경쟁력 없는 중국, 영국, 유럽 시장에서는 철수하다시피 했다. 지리적으로 미국과 가까운 캐나다와 멕시코 점포수도 성과를 중심으로 대대적으로 구조조정했다.

가격효율성 외에 오프라인 업체인 베스트바이만이 내세울 수 있는 강점은 무엇이었을까? 허버트 졸리는 제품을 파는 판매자로 남아서는 아마존 같은 디지털 기업과의 경쟁에서 뒤처질 수밖에 없다고 보았다. 이에 발상을 전환해 고객과 대면하는 것이 단점이 아니라 장점이 되도록 디지털을 활용하는 방향으로 전략을 수정했다.

전자제품은 사양도 다양할뿐더러 이용방법이나 설치도 복잡해 전문가의 도움을 필요로 하는 경우가 많다. 구매 이후에도 다양한 후속 서비스가 필요한데 온라인 업체들은 가격은 저렴해도 이런 서비스를 받기가 상대적으로 어렵다. 고객과의 직접 대면, 그리고 고객정보 분석을 통해 고객이 가진 문제를 해결해주는

〈베스트바이의 턴어라운드〉

동일매장 매출 증가/감소율 추이

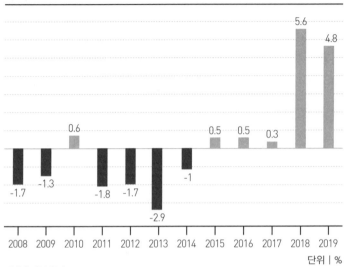

단위 | %

전체 순이익 추이

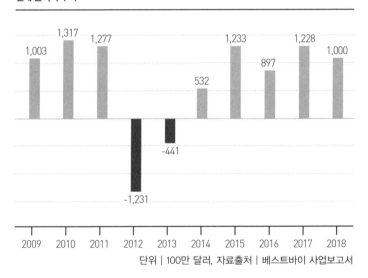

단위 | 100만 달러, 자료출처 | 베스트바이 사업보고서

조력자가 된다는 것이 베스트바이가 선택한 새로운 길이었다.

변화의 핵심은 '긱스쿼드'(Geek Squad) 서비스였다. 베스트바이는 우선 기존의 고객 데이터를 분석해 어떻게 고객경험을 극대화할 수 있는지에 초점을 맞췄다. 베스트바이가 추구하는 고객경험은 베스트바이 매장 내에서뿐 아니라 온라인, 고객의 가정도 포함된다. 긱스쿼드 서비스를 제공하는 직원들은 제품에 대한 전문지식을 바탕으로 매장을 방문한 고객들에게 제품의 정보와 이용경험을 전해준다.

긱스쿼드 구독 서비스를 이용하는 고객은 매장 밖에서도 가전제품에 대한 토털솔루션을 제공받을 수 있다. 1년에 199달러의 가입비를 내면 베스트바이 매장이나 웹사이트, 전화, 가정방문 등을 통해 무제한 기술지원 서비스를 이용할 수 있다.

가전제품 구매, 설치, 사후 관리까지 모든 고객경험을 관리해주는 긱스쿼드 서비스를 통해 베스트바이는 새로운 고객 데이터를 축적하고 분석할 수 있었고, 이를 활용해 맞춤 서비스 및 추천 서비스를 도입했다. 고객 데이터 분석을 통해 고객경험 및 여정을 관리하고, 이것이 양질의 디지털 마케팅으로 연결되어 매출향상에 기여하는 것이다.

기술지원 구독 서비스를 기반으로 베스트바이는 제품판매에서 경험판매로 거듭났다. 이들의 이야기는 아마존이나 마이크로소프트 같은 디지털 기업이 아니더라도 자신의 핵심역량을 어떻게 디지털과 결합해 고객경험을 강화시킬 수 있을지, 그리하여 영원한 충성고객으로 만들 수 있을지에 대한 힌트를 준다.

DT 법칙 체크리스트

1. 고객이 우리 기업의 생태계에 들어오게 하는 것 못지않게 나가지 않도록 지키는 것이 중요하다. 고객이 우리 기업의 서비스를 유지하게 할 명분이 무엇인지 고민해보자.

2. 고객 록인 전략을 수립할 때 반드시 고려해야 할 요소는 무엇인가? 이들 요소를 적용해 우리 조직/기업에 적합한 록인 전략을 고민해보자.

3. 제품에 숨어 있는 서비스적 요소를 찾아보라. 그리고 그 서비스에서 얻은 경험이 습관이 되도록 디자인하자.

디지털
전환을
함께할
파트너를
찾아라

법칙 6

2019년 말 〈포브스〉 지는 흥미로운 에디터 추천기사를 게재했다. 제목은 "디지털 전환에 실패한 기업들에게 우리는 무엇을 배울 수 있는가?"였다.[25]

오늘날 디지털 혁신의 중요성을 인식하지 못하는 기업가는 없을 것이다. 대부분의 CEO가 프로세스나 솔루션을 개발할 때 디지털 신기술을 우선순위에 두고, 이를 기업전략에 적용하기 위해 부단히 노력한다. 그럼에도 기업의 디지털 전환은 70% 이상이 실패로 돌아가고 있다. GE, 포드, P&G 같은 세계 굴지의 기업들이 왜 디지털 전환에 실패한 것일까?

디지털 전환은 굉장히 복잡하고 예측하기 힘든 프로세스다. 전담부서를 신설하고 관련 서비스를 개발한다 해도 질보다 양을 추구하거나, 전사적으로 문제의식을 공감하지 않은 채 특정 부서만의 힘으로 추진하면 실패할 가능성이 높다. 경쟁 환경이나 경제 상황을 고려하지 않은 채 신기술에 무리하게 투자한다면 이 또한 실패할 가능성이 크다. 디지털 전환은 하나의 부품처럼 필요할 때 구입해서 조직에 끼워 넣는 단순한 개념이나 프로세스가 아니기 때문이다.[26] 디지털 전환은 다양한 요인을 고려해야 하며, 조직 전체가 움직여 지속적으로 수행해야 하는 길고 힘든 과정이다.

그렇다면 급속하게 변화하는 경제 및 경쟁 상황, 기술 발전 속에서 우리는 어떻게 해야 성공적으로 디지털 전환을 이뤄낼 수 있을까?

책의 서두에 밝힌 것처럼 현재 우리에게 주어진 가장 중요한 화두 가운데 하나는 디지털 기술을 통해 기업이나 조직이 어떻게 비즈니스를 재정의하고 고객에게 새로운 가치를 제안할 것인가다. 즉 디지털 전환은 단순한 디지털화에 그치지 않고, 디지털 기술을 바탕으로 혁신을 추진함으로써 경쟁우위를 확보하는 일련의 활동을 의미한다.

혁신은 대개 하나의 기업 혹은 조직 차원에서 시작된다. 그러나 고도화된 디지털 및 관련 기술을 한 조직이 모두 확보하기는 어렵다. 이 점을 인식하고 성격이 전혀 다른 기업들이 제휴해 새로운 형태의 제품/서비스 및 가치창출 방식을 이끌어내기도 한다. 서로의 자원과 능력을 공유하여 시너지 효과를 창출하는 전략적 제휴나 인수합병이 디지털 기술이 확산되고 산업간 경계가 허물어지는 상황에서 더욱 빈번해지고 있다.

2020년 6월 소비자 연구조사기관 포레스터(Forrester)[27]가 분석한 보고서에 따르면, 디지털 전환에 성공한 35개 기업에서 공통적으로 발견되는 특징 가운데 하나가 바로 '전략적 파트너십'이었다. 전략적 파트너십을 통한 혁신과 고객경험 중심의 디지털 전환, 그리고 이를 통해 새로운 기술생태계를 만드는 것이야말로 디지털 전환을 통해 시너지 효과를 창출하는 필수적인 성공요인이라는 것이다. 이러한 전략적 파트너십은, 디지털 전환 시대를 개척한 파괴자적 혁신자들(에어비앤비, 우버 등)에 맞서는 강력한 대응전략으로 쓰이기도 한다.

DT 파트너십으로 파괴적 혁신자들을 막아낸다

앞서 말했듯 호텔업은 자동화, 디지털화 등의 최신 기술이 늦게 적용되는 산업 가운데 하나로 인식되어왔다. 하지만 아무리 인적 서비스가 업의 기반이라 해도 변화의 흐름을 무시할 수는 없다. 빠른 속도로 발전하는 IT 기술을 숨 쉬듯 자연스레 이용하는 디지털 노마드 고객들의 증가, 공유경제를 기반으로 한 강력한 경쟁자의 등장과 경영환경 변화 등은 보수적인 호텔 산업에도 변화의 바람을 일으키고 있다.

호텔산업의 선두주자인 메리어트 호텔의 CEO 안 소렌슨(Arne Sorenson)은 최근 인터뷰에서 서비스 혁신을 위한 메리어트의 디지털 전환 전략과 도입과정을 소개하며, 최신 기술을 기반으로 다양한 서비스를 제공하고 전사적인 디지털화를 이루어 고객에게 개인화, 차별화된 서비스를 제공하겠다는 계획을 밝혔다. 사람과 사람을 연결하는 디지털 기술 기반의 서비스, 데이터에 기초한 고객관리 및 새로운 가치창출을 통해 서비스 혁신을 이루겠다는 포부를 천명한 것이다.[28]

어코어 호텔그룹 또한 2014년부터 'Leading digital hospitality'라는 이름으로 디지털 전환을 추진했다. 말 그대로 디지털에 기반한 환대 서비스를 선도하겠다는 포부다. 이에 따라 어코어는 모든 계열 호텔에 제공되는 통합 모바일 플랫폼을 개발하고, 기존의 고객 데이터를 관리하고 분석하는 인텔리전트 시스템을 도입했다. 새로운 체제에 맞춰 위계적인 조직구조와 문화를 쇄신했음은 물론이다.

5년간 2억 2500만 유로가 투자된 이 프로젝트의 목표는 고객 여정의 처음부터 마지막 순간까지 디지털 기술을 접목해 고객 경험의 질을 한 단계 높이는 것이다. 이를 위해 어코어는 고객과 구성원은 물론 외부 협력사와의 전략적 파트너십을 적극 추진했다. 'Leading digital hospitality' 계획의 양대 축은 IT 인프라 구축과 데이터 관리인데, 이는 신기술 및 시스템 도입뿐 아니라 다양한 기업들과의 전략적 제휴가 있었기에 성공할 수 있었다고 평가받는다. 일례로 웹/모바일 플랫폼인 위폴로(Wipolo)를 인수해 고객의 여정을 페이스북과 트위터에 연동하고, 인텔리전트 시스템 및 디지털 마케팅 분야의 선두주자인 패스트부킹(Fastbooking)을 인수해 고객 데이터 분석을 위한 초석을 마련했다. 덕분에 최신 기술이 접목된 고객맞춤 서비스를 제공할 수 있었고, 디지털 전환으로 고객경험을 극대화하는 서비스 혁신이 가능했다.

2018년 어코어 호텔은 여행 관련 스타트업인 트래블시피(Travelsify)에 500만 유로를 투자한다고 밝혔다. 트래블시피는 AI를 기반으로 호텔, 식당, 렌털 등에 관한 콘텐츠를 분석하는 플랫폼으로, 어코어 호텔은 이 투자로 호텔 서비스 이용에 관한 다양한 데이터를 확보, 분석할 수 있게 되었다. 나아가 이 자료를 발전시켜 개별 호텔 및 레스토랑 기업에 브랜드 전략이나 상품을 개발해 제공하는 새로운 사업에도 박차를 가하게 되었다.

이러한 어코어 호텔의 행보는 2020년 글로벌 항공예약 시스템 가운데 하나인 세이버(Sabre)와의 전략적 제휴로 이어졌다. 어코어 호텔과 세이버는 지역에 구애받지 않는 클라우드 컴퓨팅을 기반으로 한 토털 서비스 호텔 플랫폼 계획을 발표했다. 항공업계에서 쌓아온 세이버의 유통 시스템 운영 및 관리 노하우와 어코어 호텔이 다져온 호텔관리 시스템을 결합한 새로운 형태의 운영 플랫폼인 것이다. 2014년부터 디지털 전환을 추진해온 어코어 호텔은 세이버와의 전략적 파트너십을 통해 공급능력을 극대화하고 전체 비용은 낮추는 장기적인 호텔관리 시스템 구축을 계획하고 있다.

2013년 어코어 호텔그룹의 CEO로 부임한 세바스티안 바진 (Sebastien Bazin)은 한 언론사와의 인터뷰에서 이렇게 말했다. "기술기업인 에어비앤비의 미션은 호텔기업이 되는 것입니다. 어코어 호텔은 지난 50년간 호텔기업이었지만 이제는 기술기업이 될 것입니다."

이 선언 이후 어코어 호텔은 잠시도 쉬지 않고 디지털 전환을 추진해왔다. 전략적 제휴를 통해 경쟁력 강화는 물론 다양한 시너지 효과를 거두고 있는 어코어 호텔의 장기적 관점과 전략, 실행은 디지털 전환 시대의 파트너십에 관해 많은 시사점을 준다.

DT 파트너십으로 새로운 서비스를 만든다

이 밖에도 디지털 전환 시대에 기업들의 동행은 다양한 형태로 나타난다. 어코어 호텔이 기술기업을 천명하는 것과 대조적으로 아마존은 호텔 지배인을 고용하고 있다. 온라인 마켓플레이스와 플랫폼 사업의 선두주자인 아마존이 프로그래머가 아니라 호텔업계 종사자를 찾는 이유는 무엇일까? 이 또한 디지털 기술을 바탕으로 한 전략적 제휴를 위해서다.

2019년 세계에서 가장 큰 호텔기술박람회(HITEC)에서 발표된 서비스 가운데 인상 깊었던 것 하나는 바로 아마존 알렉사와 LG 스마트TV의 연결이었다. 호텔기술박람회와 관련 없어 보이는 아마존은 이미 2018년에 호텔전용 알렉사(Alexa for Hospitality) 프로그램을 도입해 고객 서비스 혁신사업을 추진해오고 있다. 메리어트, 윈(Wynn) 호텔 등과 파트너십을 맺어 에코(Echo)를 설치하고,[29] 프런트 데스크나 콜센터를 통해 이루어지던 서비스를 에코로 대체하는 신개념 플랫폼 서비스를 개발해 상용화하고 있다. 알렉사를 통한 가상 호텔 컨시어지 서비스는 24시간 고객이 원하는 정보와 서비스를 제공한다. 호텔 서비스에 대한 이해가 깊은 아마존이 이번에는 LG 스마트TV와 제휴해 스마트룸 시스템과 호텔정보관리 시스템의 결합을 시도한 것이다.

LG 스마트호텔TV는 최신의 스마트룸 컨트롤 시스템과 멀티미디어 시스템을 연결함으로써 고객이 설정해놓은 조건에 맞춰 최적의 호텔룸 환경을 유지하도록 도와준다. 또한 다양한 멀티미디어 서비스를 제공하며, 고객의 디바이스에 있는 멀티미디어 콘텐츠를 스마트TV에서 이용할 수도 있다.

이러한 스마트TV의 장점은 알렉사와의 결합으로 더 큰 시너지 효과를 낸다. 체크인한 고객이 아마존 계정 정보를 입력하면 알렉사 서비스가 활성화돼 스마트TV와 연동되고, 고객은 음성 명령만으로 룸서비스, 청소, 호텔용품 요청, 룸관리 등 다양한 서비스를 제공받을 수 있다. 다양한 멀티미디어 서비스를 누릴 수 있음은 물론이다.

디지털 전환을 통한 신기술의 만남은 이처럼 전혀 다른 형태의 제품/서비스 소비로 이어진다. 그리고 새로운 만남에서 생기는 변화는 기업의 경쟁력을 높이는 것은 물론 프로세스를 개선하는 또 다른 혁신의 동력이 된다.

이러한 예는 고객 로열티 프로그램의 개선을 통해서도 볼 수 있다. 힐튼 호텔에 묵었던 고객이 모바일 앱으로 체크아웃을 하면, 자동으로 고객의 힐튼아너스 앱에 포인트가 적립된다. 하지만 소소한 포인트를 모아서 어느 세월에 다음 예약에 사용하겠는가? 기껏 쌓아도 사용하지 못하는 포인트는 자칫 고객의 불만을 부를 위험마저 있다.

힐튼은 이러한 불만을 해소하고 고객에게 다양한 서비스를 제공하기 위해 계열사의 고객 포인트를 통합하는 한편 아마존과 전략적 제휴를 체결했다. 고객이 아마존 웹사이트에서 힐튼 계정 정보를 등록하면 자동으로 힐튼 포인트가 체크되고, 500포인트는 1달러의 전자화폐로 전환되어 전 세계 아마존에서 언제

힐튼과 아마존의 파트너십 프로그램 'Shop with points' (사진출처 : 힐튼 홈페이지)

든지 사용할 수 있다. 전략적 제휴를 통해 힐튼그룹은 즉각적인 포인트 사용이 가능한 고객로열티 프로그램을 운영할 수 있고, 아마존은 새로운 고객확보를 통해 판매를 촉진할 수 있게 된 것이다.

디지털 전환을 통한 전략적 제휴는 중국의 플라이주(FlyZoo) 호텔과 알리바바의 예에서도 찾아볼 수 있다. 2019년 중국 항저우에 오픈한 플라이주 호텔은 홍채인식, 음성인식, 로봇 서비스 등 다양한 최신 기술을 접목한 서비스를 제공한다는 차별화 전략으로 업계의 많은 관심을 받았다. 특히 중국 최대 온라인 플랫폼 기업인 알리바바가 이 호텔과 연관돼 있다는 사실이 주목받고 있다. 이는 디지털 전환을 통한 기술응용과 사업 다각화, 그리고 기존 온라인 플랫폼을 통한 기업 간 연계화가 가능해졌기에 실현될 수 있었다.

룸서비스조차 자율주행 로봇이 수행하는 이 호텔은 그 자체로 최신 기술 혹은 디지털 전환이 서비스 산업에서 어떻게 적용될 수 있는지 보여주는 전시장이다. 인상적인 서비스가 하나둘이 아닌데, 그중에는 고객이 호텔에서 사용했던 물건을 알리바바 앱을 통해 구매할 수 있도록 한 것도 있다. 예를 들어 호텔의 무선 충전기가 마음에 들어 구입하고 싶으면 알리바바 앱을 열어 해당 물건을 촬영하면 된다. 사진인식 기술이 탑재된 앱이 해당 제품을 자동으로 검색해주고, 구매한 후 집에 돌아가면 알리바바에서 하루 만에 배송되어 있는 것이다.

플라이주와 알리바바의 자동화된 통합 서비스는 젊은 고객들의 온라인 구매방식 및 행동패턴과 맞물려 좋은 반응을 일으키고 있다. 이는 필자가 최근 세계 최대 호텔기술 전문가 단체인 HFTP(Hotel Finance and Technology Professionals)의 연구지원을 받아 1000명의 고객을 통해 조사한 결과와도 일치한다. 디지털 기술을 통해 제공된 서비스 또는 기술 자체에 만족한 고객은 이용했던 제품을 곧바로 구매하고 싶어 하는 경향이 있다. 플라이주 호텔과 알리바바는 이러한 고객 니즈를 잘 파악해서 새로운 제품판매 방식을 선보인 셈이다.

전략적 협력으로 모빌리티 혁신을 이룬 자동차 업계

최근 몇 년 동안 뉴스에서 자주 접했던 기술 관련 이슈를 꼽아보라고 하면 그중 하나는 자동차 관련 소식일 것이다. 차량 공유 서비스, 자율주행, 전기자동차 등 신규 서비스 개발과 미래시장 개척에 관한 뉴스는 물론 우버와 테슬라 등 떠오르는 기업의 소식도 하루가 멀다 하고 전해진다. 이들이 만들어내는 새로운 자동차 패러다임은 디지털 전환과 전략적 제휴를 통해 더욱 가속화되고 있다.

최근 자동차 기업과 클라우드 컴퓨팅 및 통신업체, 인공지능 시스템 개발기업의 전략적 제휴가 심상치 않다. 모빌리티(mobility) 개념을 핵심으로 한 MaaS(Mobility as a Service) 플랫폼의 구축이 좋은 예다. 모빌리티는 쉽게 말해 클라우드, 사물인터넷(IoT), AI, 자율주행기술(automated driving) 등을 이용해 사람들의 이동을 편리하게 만드는 서비스를 뜻한다.[30]

BMW, 포드, 토요타 등 글로벌 자동차 기업들은 오래전부터 자율주행 기술을 개발하고 다양한 디지털 기술을 이용해 제품 설계 단계에서 생산, 개발, 판매 및 조직구조에 이르기까지 지속적인 변화를 추진해왔다. 이제 이들은 한 단계 나아가 마이크로소프트나 아마존 등 온라인 플랫폼 및 클라우드 컴퓨팅 기업들과의 적극적인 제휴를 통해 모빌리티 서비스를 통합적으로 제공하는 클라우드 플랫폼을 개발하는 데 박차를 가하고 있다.

세계 최대 규모의 전자/IT 박람회인 CES 2018년 행사의 화제는 단연 자율주행이었다. 자율주행은 역설적으로 완성차 기업의 쇠락을 의미하기도 한다. 운전이 필요하지 않은 시대에는 차량을 소유할 필요도 적어진다. 필요할 때 택시를 호출하듯 차량공유 서비스를 이용하게 될 테니 말이다. 이 위기를 타개하기 위한 해법을 토요타는 모빌리티 서비스에서 찾았다.

토요타는 2018년 CES 행사에서 기존의 완성차 기업의 개념을 뛰어넘어 고객에게 새로운 경험과 가치를 제공하는 모빌리티 서비스 플랫폼을 선보였다. 이팔레트(e-Pallette)가 그 주인공으로,

토요타의 모빌리티 서비스 플랫폼 이팔레트 (사진출처 : 토요타 홈페이지)

외양은 바퀴 달린 박스처럼 생겼다. 운전석이 없는 이 박스의 용도는 이용자가 설정하기 나름이다. 출퇴근 공유차량으로 사용할 수도 있고 푸드 트럭으로 활용할 수도, 이동식 상점이 될 수도 있다. 사용자가 원하는 곳에, 고객이 있는 곳에 즉시 이동하는 모빌리티 서비스가 가능한 것이다.

이는 토요타와 마이크로소프트의 전략적 협력이 낳은 결실이다. 2016년 토요타와 마이크로소프트는 토요타커넥티드(Toyota Connected)라는 회사를 설립하고,[31] 토요타의 자동차 기술 및 자본력에 마이크로소프트의 시스템 개발 및 클라우드 컴퓨팅 노하우를 결합해 모바일 기반의 클라우드 컴퓨팅 플랫폼 개발에 착수했다. 마이크로소프트는 자동차 기획 단계 및 비즈니스 사례 개발/관리 단계에서 토요타의 디지털 전환 전략을 지원했다. 동시에 고객이 요청하기 전에 한발 앞서 현장 서비스를 할 수 있도록 마이크로소프트의 디지털 어드바이저(digital advisors) 모델을 활용해 피드백 시스템을 구축하고 지원했다.

2020년 토요타는 또 다른 도전을 시작했다. 클라우드 컴퓨팅 플랫폼 개발 및 운영을 다각화하고자 이번에는 아마존과 전략적 제휴를 한 것이다.[32] 아마존 AWS를 활용해 자동차 설계 프로세스를 개선하고, 정비 및 자동차공유 서비스 등에 아마존의 머신러닝 시스템과 신기술을 접목해 고객에게 보다 나은 서비스를 제공한다는 계획이다.

이것이 마이크로소프트나 아마존 같은 제휴 파트너들에게도 큰 기회임은 물론이다. 토요타와의 협력을 통해 자동차 기술 및 시장에 대한 이해를 넓힌 마이크로소프트는 새롭게 구축한 클라우드 컴퓨팅 기반의 모빌리티 플랫폼 기술을 활용해 다른 자동차 기업에도 솔루션을 제공하고 있다. BMW와의 전략적 제휴가 대표적이다.[33] 럭셔리카의 대표주자인 BMW는 2020년 3월 마이크로소프트와 파트너십을 맺고 BMW 오픈 모빌리티 클라우드(BMW's Open Mobility Cloud)를 통해 고객에게 모바일 기반의 맞춤형 관리 시스템을 제공한다고 발표했다. 이 계획의 골자는 BMW가 새롭게 선보인 'BMW IPA'(BMW Intelligent Personal Assistant) 프로그램을 확장해 고객들이 언제 어디서건 BMW의 모빌리티 플랫폼으로 차량 및 일정을 관리하고 다양한 서비스를 제공받게 한다는 것이다.

BMW의 톰 브래너(Thom Brenner) 부사장이 마이크로소프트의 개발자 컨퍼런스에서 밝힌 것처럼, BMW의 미래 비전은 끊김 없는 모빌리티를 바탕으로 그들의 자동차와 고객의 삶에 개인화된 디지털 서비스를 제공하는 것이다.[34] BMW의 오픈 모빌리티 클라우드는 고객의 모바일 앱 'BMW 커넥티드'(BMW Connected)에서 시작된다. 고객들은 이 모바일 앱을 통해 자신의 일정, 차량정보 및 개인화된 서비스를 이용할 수 있으며, 집이나 사무실에서 자동차 관리를 할 수도 있다. 운전 시 자동차의

BMW의 지능형 개인비서 프로그램인 IPA. 음성명령으로 활성화된다.

위치정보를 통해 교통상황 등 외부 데이터를 실시간 분석하여, 고객에게 최적의 경로를 알려주기도 한다.

디지털 시대에 전략적 파트너십은 혁신과 경쟁우위의 원천

디지털 전환에 성공한 기업들이 어떠한 성과를 만들어내는지는 이 책에서 소개한 다양한 사례를 통해 확인할 수 있다. 그러나 디지털 전환에 성공했다고 해서 저절로 새로운 고객경험이 만들어지는 것은 아니다. 디지털 전환을 혁신적인 변화와 새로운 고객 서비스로 이어가기 위해서는 전략적 파트너십을 통한 시너지 창출이 필수적이다. 결코 어울릴 것 같지 않던 이질적인 기업, 이질적인 기술들의 만남은 디지털 시대를 만나 충분히 가능해졌다. 어떤 혁신 서비스를 개발하고, 어떤 경험과 가치를 고객에게 전달할 것인가? 또 새로운 경험과 가치는 기업에 어떤 영향을 미칠 것인가? 전략적 파트너십에서 이에 대한 답을 찾을 수 있지 않을까?

세계적인 경제지 〈이코노미스트〉는 디지털 시대에는 기업 인수합병 혹은 조인트 벤처 형태의 전통적 파트너십을 넘어 새로운 디지털 파트너십이 필요하다고 강조한다.[35] 디지털 노마드인 오늘날의 소비자들은 기업의 디지털 역량에 주목한다. 여기에서 중요한 점은 이들이 디지털 기술 자체보다는 끊임없는 서비스 혁신을 기대한다는 사실이다.

이에 따라 기업들도 단순히 같은 산업끼리의 제휴가 아니라 전혀 다른 업종에서 새로운 파트너를 찾고, 이들과의 파트너십을 통한 협력적 혁신(collaborative innovation)을 추구한다. 협력적 혁신이란 기업, 소비자, 관련 공급자 등 다양한 주체들이 모여 새로운 제품/서비스를 만들어내는 과정을 일컫는다. 이는 힐튼과 아마존의 사례처럼 디지털 기술을 결합해 이루어질 수도 있고, 자동차 회사들과 클라우드 컴퓨팅 기반의 플랫폼 기업처럼 모빌리티 서비스라는 아예 새로운 혁신을 만드는 형태로 실현될 수도 있다.

디지털 생태계의 협력적 혁신은 기존 산업군이나 산업분류로 정의되기 어려운 새로운 제품/서비스를 만들어내고 있다. 기업들은 서로 다른 분야를 학습하고 새로운 지식을 쌓으며, 디지털 전환을 기반으로 새로운 고객경험과 가치를 창출해 경쟁우위를 다져간다. 이것이야말로 기업들이 디지털 전환을 위해 혹은 디지털을 기반으로 전략적 파트너십을 추진하고, 나에게 맞는 디지털 파트너는 누구인지 한층 구체적으로 고민해봐야 하는 이유가 될 것이다.

DT 법칙 체크리스트

1. 자신이 속해 있는 산업군 혹은 시장에서 가장 강력한 경쟁자나 시장 파괴자는 누구인지 나열해보자. 이들의 어떤 점이 우리 기업을 위협하는가?

2. 1에서 찾아낸 위협요인을 제거할 수 있는 기술적, 전략적 파트너십을 생각해보자. 어떤 기업 또는 기술이 우리에게 필요한가?

3. 우리 기업과 전혀 다르지만 혁신적이라 생각되는 디지털 기술은 무엇인가? 이 기술이 어떻게 우리의 제품/서비스와 결합될 수 있을지 고민해보자.

커뮤니티에 기반한 네트워크 효과를 창출하라

법칙 7

커뮤니티를 팬클럽으로

펠로톤(Peloton)은 2019년 기업가치 40억 달러 이상을 평가받은 디지털 헬스케어 시장의 대표적인 유니콘 기업이었다. 주가 또한 IPO 상장 이후 고공행진을 거듭해, 2020년 1월 29.74달러였던 주가가 10개월 후에는 114달러를 넘기며 코로나19 시대에 오히려 승승장구하고 있다.

펠로톤의 비즈니스 모델은 전자 스크린이 달린 실내자전거를 판매하는 비교적 단순한 아이디어에서 출발했다. 이들의 제품은 대부분 고가여서 실내자전거의 경우 가장 저렴한 모델이 1890달러이고, 러닝용 트레드밀은 2495달러로 한화로 300만 원 가까이 된다.

여기까지만 보면 고가의 홈트레이닝 머신을 파는 기업들과 무엇이 달라서 이들이 엄청난 수익을 올리며 주목받는지 알 수 없다. 펠로톤이 가진 힘은 어디서 나오는 것일까?

많은 전문가들은 운동기구의 우수성이 아니라, 정기적으로 구독자에게 제공하는 콘텐츠로 커뮤니티 비즈니스를 만든 점에서 펠로톤의 진정한 저력을 찾는다. 이들은 자전거를 타면서 볼 수 있는 콘텐츠에 비즈니스 역량을 집중한다. 펠로톤이 '홈트레이닝계의 넷플릭스'라 불리는 이유다.

이들의 콘텐츠를 보려면 매달 39달러 정도의 구독료를 내야 하고, 물론 그 전에 자전거부터 구입해야 한다. 결코 가성비가 좋다고 할 수 없지만, 그럼에도 펠로톤의 2020년 미국 내 구독자는 310만 명에 이르는 것으로 추산된다.

펠로톤이 가장 심혈을 기울이는 것 중 하나는 고객들이 서로 연결되어 있다고 느끼게 하는 것이다. 즉 펠로톤에 열광하는 일종의 컬트 커뮤니티가 만들어지길 원했다. 컬트(cult)인 만큼 커뮤니티의 중심에는 교주가 필요하다. 그 역할을 하는 이들은 스타 운동 강사들이다. 펠로톤은 이들을 중심으로 고객들이 활발한 커뮤니티를 만들어가도록 노력을 기울여왔다.

펠로톤이 키우는 스타 강사들은 매주 뉴욕에 위치한 스튜디오에서 회원들과 함께 사이클 클래스를 진행하고, 이 영상은 해당 콘텐츠를 구독하는 이들에게 생중계된다. 클래스 과정은 정교한 시나리오를 통해 만들어지고, 여러 번의 리허설을 거치며 다듬어진다. 촬영 현장에는 최고의 조명과 음향장비, 영상촬영

카메라가 사용돼 웬만한 TV 유명 예능 프로그램 이상의 퀄리티를 자랑한다.

이렇게 투자한 결과 펠로톤의 강사들은 TV 스타만큼의 인기를 얻게 되고, 이들을 중심으로 수많은 펠로톤 사용자들이 끈끈한 커뮤니티 조직을 이루게 된다. 강사들의 페르소나는 펠로톤에 의해 마치 영화배우의 페르소나가 만들어지듯 정교하게 설정되어 사람들에게 다가간다. 유명 백댄서 출신의 어느 강사는 사이클링에 댄스 요소를 가미하고, 또 다른 강사는 코미디언보다 더 익살스러운 유머를 구사한다. 음악 선곡 능력이 뛰어나 운동할 때 들으면 좋은 최신 플레이리스트를 제공해주는 강사도 있다.

이처럼 펠로톤에는 구독자들의 취향에 맞는 다재다능한 스타 강사가 많다. 이들은 친밀감을 높이기 위해 수업시간에 회원들의 이름을 부르고, 채널에 접속한 구독자들의 운동속도나 거리 등을 체크하며 개인지도를 해준다. 이런 시간들이 쌓여 구독자들은 강사들에게 마음에서 우러난 친밀감을 느끼고, 이들의 골수팬이 된다.

펠로톤의 온라인 콘텐츠를 정기구독하면 강사들의 수업을 무제한 시청할 수 있다. 집에서 혼자 운동하더라도 콘텐츠만 구독하면 스타 강사들과 함께 신나는 음악과 격렬한 바이브를 즐기며 페달을 밟을 수 있다. 운동하지 않을 때에도 SNS로 강사들과 소통하고 팬처럼 추종하는 구독자들이 생겨난다.

강사를 좋아하는 팬들이 강사의 영상에 모이는 것은 지극히 자연스럽다. 회원들은 펠로톤이 제공하는 내부 SNS를 통해 교류하고, 수업 중에 '하이파이브' 기능으로 서로 응원 메시지를 보내기도 한다. 실제 만난 적 없는 이들이지만 이런 과정들을 통해 회원들은 소속감을 느끼고 친밀감을 쌓아가며 서로를 격려하는 러닝메이트가 된다.

이런 강력한 내부 커뮤니티가 없었다면, 펠로톤은 단순히 자전거에 아이패드를 붙여놓은 상품에 머물렀을지도 모른다. 펠로톤의 성공은 디지털 시대에 비즈니스를 하려면 '연결'을 만드는 커뮤니티의 가치를 간과하지 말아야 한다는 시사점을 준다.

구독모델과 회원 커뮤니티를 결합해 급성장한 펠로톤 (사진출처 : 펠로톤 홈페이지)

신뢰성이 네트워크 효과를 증폭시킨다

'경찰 사이렌이 울린다', '소방차 사이렌 소리가 들린다', '동네 어디에 문제가 생겼나?', '하수구 냄새가 갑자기 심하게 나네? 우리 아파트에 문제가 생겼나? 누구를 불러서 어떻게 수리하지?'

이런 생각이 들 때, 미국인들이 들어가는 곳이 있다. 미국 온라인 반상회 앱이라 불리는 넥스트도어(Next Door)다. 우리 동네에 무슨 문제가 생겼나 알아볼 때, 혹은 필요한 물건이 있는데 파는 가게가 동네에 있는지 궁금할 때, 우리 집에 문제가 생겼는데 다른 집은 괜찮으며 어떻게 문제를 해결했는지 알고 싶을 때, 과거에는 동네 반상회에서 정보를 얻거나 이웃을 만나 물어보았을 것이다. 이와 같은 반상회를 온라인 서비스로 제공해 엄청난 성공을 만들어낸 것이 바로 넥스트도어다.

넥스트도어는 2008년 오픈한 일종의 로컬 커뮤니티 플랫폼으로, 사람들이 모여 교류하게 만듦으로써 가치를 생성한다는 점에서 기존의 소셜미디어 플랫폼과 일맥상통한다. 그러나 페이스북이나 인스타그램, 트위터 등이 플랫폼의 개방성을 강조하고 가급적 많은 사람들을 연결하는 데 집중한다면, 넥스트도어는 상대적으로 개방성이 덜하지만 그런 폐쇄성이 가지는 또 다른 가치, 즉 신뢰성과 이를 기반으로 한 네트워크 효과를 만드는 데 주력한다.

넥스트도어에 가입하려면 우편이나 전화 또는 앱으로 지역 및 실명 인증을 해야 한다. 이렇게 형성된 커뮤니티의 가장 큰 장점은 신뢰성과 안전성이다. 동네 마트에서 마주칠지도 모르는 사람들과 교류하는 것이기에 그 사람에게 잘못된 정보를 주거나 좋지 않은 물건을 판매하기가 쉽지 않다. 우리 동네에서 일어나는 소식이 그때그때 잘 공유된다는 장점도 있다. 믿을 수 있는 이들이 전해주는 정확한 정보의 가치는 클 수밖에 없다. 동네에서 물건을 사고팔고 정보를 나누면서 더욱더 두터운 신뢰가 쌓이는 것은 물론이다.

넥스트도어의 서비스는 한마디로 오프라인 기반의 프라이빗 온라인 커뮤니티인 셈이다. 디지털 기술을 통해 오프라인 지역 개념을 온라인에 구현한 색다른 경험은 사용자들이 넥스트도어에 열광하는 이유 중 하나다. 특히 코로나19 사태를 겪으며 넥스트도어를 통해 필요한 생필품을 서로 나누고, 동네 아이들에게 창고에 있던 장난감을 선물하고, 동네 상점이나 식당을 추천해 지역상권을 보호하는 모습에서 필자가 기억하는 1980~90년대 한국의 인정이 느껴지기도 했다. 최근 미국에서는 좀처럼 느끼기 어려운 작지만 큰 감동이다.

넥스트도어가 비즈니스를 만들어내는 방식은 기본적으로 커뮤니티를 활성화하고 그에 기반한 가치를 창출하는 것이다. 사업을 시작할 당시 넥스트도어는 무료 가입은 물론 제품 판매나 수수료 정책 등 직접적으로 영업이익을 내는 활동을 전혀 하지 않았다. 그들이 집중한 것은 오로지 지역을 거점으로 믿을 수 있는 양질의 교류와 정보가 쌓이게 하는 것이었다. 이렇게 맺어진 사용자들의 관계는 다양한 형태의 기부나 무료 나눔, 물물교환, 중고거래, 지역 상점 및 서비스 추천 등의 다양한 세부 커뮤니티 활동으로 이어졌다.

최근 넥스트도어는 월마트와 손잡고 '이웃을 돕는 이웃(Neighbors Helping Neighbors)' 프로그램을 선보였다. 코로나19 상황에서 이웃이 서로 돕자는 일종의 품앗이 캠페인으로, 매장에 가기 어렵거나 온라인 장보기가 여의치 않은 이웃을 위해 지역

넥스트도어와 월마트가 함께 펼치는 '이웃을 돕는 이웃' 캠페인 (사진출처 : 넥스트도어 블로그)

월마트에서 생필품 구매나 픽업을 대신 해주는 것이다. 넥스트도어 앱이나 웹사이트를 이용하면 구매 요청을 할 수도 있고, 지역 월마트 매장 정보도 확인할 수 있다. 노약자와 취약계층을 돕고 사회적 거리두기도 할 수 있다는 점에서 일거양득이다. 제휴처인 월마트 또한 사회공헌을 실현하는 것은 물론 지역기반의 온라인 커뮤니티 고객을 확보하고 자신의 입지를 강화하는 성과를 거두고 있다.

이러한 일련의 활동으로 넥스트도어는 크게 두 가지 네트워크 효과(network effects)를 거두고 있다. 우선 이들은 로컬 기반으로 직접적인 네트워크 효과(direct network effects)를 만들고자 다양한 시도를 이어왔다. 현대를 살아가는 우리 대부분은 옆집에 어떤 이웃이 사는지 알지 못한 채 하루하루를 보낸다. 넥스트도어는 사용자들이 이웃을 알아가고, 직접 연결되는 네트워크를 만들도록 장려한다.

넥스트도어 플랫폼에서 사람들은 지역주민들과 다양한 형태로 교류한다. 특정 정치인을 지지하는 모임을 만들거나, 해당 지역의 주요 현안에 대한 캠페인을 조직하기도 한다. 잃어버린 반려동물을 찾는 커뮤니티가 즉석에서 만들어지는 경우도 흔하다. 넥스트도어는 그들 플랫폼 안에서 이웃끼리 직접 연결되는 커뮤니티가 다채롭게 만들어지도록 돕는다. 연결효과를 극대화하기 위해 신규 커뮤니티를 만들려면 9명 이상이 모여야 한다는 규칙도 만들었는데, 2015년 기준 한 개의 커뮤니티에 평균 700명 이상의 회원이 활동하는 것으로 나타났다. 그런 커뮤니티가 2020년에는 11개 국가 27만 개에 이르고 전체 회원은 1000만 명이 넘는다. 넥스트도어란 플랫폼에서 지역 소식을 공유하는 커뮤니티가 엄청나게 생겨나고, 또 이들 커뮤니티 안에서 엄청난 인원이 직접 교류하고 있다.

이뿐 아니라 넥스트도어는 간접적 네트워크 효과(indirect network effects)를 만드는 데에도 공을 들인다. 넥스트도어 이용자들은 지역주민에게 필요한 정보를 알리는 작업을 자발적으로 해오고 있다. 범죄가 발생하면 해당 동네에서 구체적으로 어떤 일이 일어났는지, 위험지역은 어디인지가 CNN보다 더 신속하게 넥스트도어에 올라온다. 급기야 지역 경찰서가 넥스트도어와 공식적인 파트너 협약을 맺고 정보를 공유하기 시작했다. 직접 교류하지는 않더라도 가치 있는 정보를 공유하는 간접적 네트워크 효과가 나타나는 것이다.

직간접적 네트워크 효과는 플랫폼이 활성화된 지 5년차부터 엄청난 힘을 발휘하기 시작했다. 넥스트도어에서는 매일 500만 건 이상의 메시지가 오가는데, 이 중 20%가량이 서비스를 추천해주는 콘텐츠다. 동네의 괜찮은 수학선생님, 피트니스 강사를 추천하는 정보들이 넘쳐났다. 그러자 이곳에서 자신의 서비스나 콘텐츠를 홍보하는 사람들이 모여들어, 넥스트도어는 이들을 연결해주는 플랫폼으로서 수익을 창출하기 시작했다. 네트워크 효과를 만들고 그 안에서 가치가 창출될 수 있도록 무대를 만드는 기업, 넥스트도어는 디지털 전환 시대를 지배하는 '연결성'의 가치를 잘 보여준다.

디지털 시대, 핵심은 커뮤니티 비즈니스

한국에서 넥스트도어와 유사한 사업모델을 꼽으라면 당근마켓이 가장 먼저 떠오를 것이다. 한때 한국에서 중고거래를 하려면 '중고나라'를 거쳐야 했다. 중고시장은 뭐니 뭐니 해도 중고 물품이 많이 나와야 하며, 사용자들 간의 네트워크 효과가 중요하다. 중고나라가 20여 년이나 중고거래 시장을 지배할 수 있었던 것 또한 규모 측면에서 이들을 뛰어넘는 경쟁자가 없었기 때문이다. 한때 중고나라에서는 매초 새로운 중고 매물이 쏟아졌고, 거래액만 2조 원 이상 발생했다. 그만큼 네트워크 효과가 강력했다는 의미다.

언제까지나 지속될 것 같았던 중고나라의 1위 수성을 한순간에 무너뜨린 곳이 바로 당근마켓이다. '당신의 근처에 있는 마켓'이란 의미의 당근마켓도 넥스트도어처럼 '우리 동네 중고 직거래 장터'라는 컨셉으로 플랫폼 비즈니스를 시작했다. 전국을 6500여 개 지역으로 쪼개고, 같은 동네로 분류되는 사람들끼리만 물건을 거래하도록 만들었다.

당근마켓이 중고나라에 비해 가지는 장점은 명확하다. 우선 거래자들끼리 자연스럽고 자발적인 평판이 생겨난다. 잘못된 제품을 동네 사람에게 팔았다가는 오고가다 마주쳐 민망할 수 있으니 파는 입장에서도 한 번 더 점검하게 되고, 사는 사람은 한결 마음 놓고 거래할 수 있다.

같은 동네다 보니 사고파는 사람들끼리 한 번 이상의 거래가 일어나는 경우도 빈번하다. 많이 거래할수록 서로 친근해지고 신뢰도 커질 것이다. 이 때문인지 다른 중고거래 플랫폼에 비해 당근마켓은 부정적인 후기가 훨씬 적다. 당근마켓이 밝힌 바에 따르면 부정적인 후기가 1% 정도라고 하니, 동네 직거래 시스템이 얼마나 자발적인 순기능을 하는지 알 수 있다. 아울러 같은 동네라도 모르는 사람과 만나는 것에 일말의 불만이 생길 수 있기에 서로의 중고거래 평판을 기록하는 '매너 온도' 기능을 제공했다. 사람의 정상체온인 36.5도에서 시작해 좋은 평가를 받을 때마다 0.1도씩 올라가게 해, 좋은 거래를 할수록 '마음 따뜻한 사람'이라는 생각이 들게 하는 위트 있는 장치다.

이 밖에 주고받은 메시지를 자동 인식해 거래시간이 가까워오면 알림 메시지를 주고, 약속을 빈번하게 어길 경우 제재를 가하는 등 거래가 잘 이루어지도록 다양한 기술적 장치를 도입했다. 술, 담배, 가품(假品) 등 판매하기 부적합한 제품이 올라오면 AI가 실시간 걸러내 노출을 막는다.

온라인 거래의 장점인 큐레이션 기능으로 개인화된 경험을 주려는 노력도 강화하고 있다. 당근마켓에 접속하면 남들도 다 보는 똑같은 화면이 아니라 사용자가 좋아할 만한 제품을 선별해서 띄워준다. 덕분에 사용자가 당근마켓에 체류하는 시간은 일반 쇼핑 앱에 비해 2~3배 길다.[36]

2015년 '판교장터'라는 이름으로 출시된 후 당근마켓은 매달 순이용자가 1000만 명을 넘어서는 대세 중고거래 사이트로 성장했다. 다양한 물품을 한눈에 볼 수 있는 온라인 거래의 장점을 살리고 사기 등 온라인 거래의 단점은 오프라인 직거래 방식으로 보완한 것에 더해 지역 커뮤니티의 기능이 추가된 결과다. 물리적인 공간도 중요하지만, 그 공간을 함께 사용하는 사람들이 더 중요한 시대다. 당근마켓의 성장 원동력으로 동네 커뮤니티 기능이 주목받는 이유다.

커뮤니티 성격을 강화하는 흐름은 동네 모임뿐 아니라 업무 영역으로도 확대되고 있다. 위워크를 필두로 한국에서도 기반을 넓혀가고 있는 코워킹 스페이스가 그 예다. 창업자이자 CEO였던 애덤 뉴먼의 경영능력에 대한 불신과 지속적 적자로 미국 증시에서 IPO가 무산되면서 유니콘 기업의 대표적 추락 사례로 언급되는 위워크지만, 2010년 뉴욕 맨해튼의 한 건물에서 시작해 10년 만에 세계 120여 개 도시 800여 지점을 운영하면서 업무공간에 대한 새로운 모델을 제시했다는 점은 부인할 수 없다.

위워크는 사무실이라는 물리적 공간이 아니라, 그 공간에서 일하는 사람들을 연결해 가치 있는 커뮤니티에 소속된다는 경험을 팔고자 했다. 이를 위해 위워크는 건물 관리인 대신 '커뮤니티 매니저'를 두고 입주자들이 지속적으로 만나고 교류할 수 있도록 돕는다. 커뮤니티 매니저는 사람들을 이어주는 이벤트를 기획하고, 시너지 효과를 낼 수 있는 입주자들을 연결해준다. 건물 내 공용공간의 소파 하나도 소통을 염두에 두고 배치된다. 같은 건물에 입주해 있어도 이웃 회사가 어떤 일을 하는지 모른 채 지냈던 기존 관행을 철저히 파괴한 것이다.

위워크가 추구한 연결은 오프라인을 넘어 온라인에서도 이어진다. 위워크 사무실에 입주하면 커뮤니티에 가입할 수 있는데, 마음 맞는 사람들끼리 이야기를 나눌 수 있고 필요한 인력 정보를 교환할 수도 있다. 함께 일하고 싶은 사람을 찾기도 하고, 사업에 조언을 해줄 전문가를 구하기도 한다.

위워크 이후 다양한 코워킹 기업이 등장했다. 설립 후 5년간 연평균 150% 이상의 매출 증가율을 기록한 토종 공유 오피스 패스트파이브가 대표적이다. 위워크의 몰락에 관계없이 코워킹 공간이 각광받는 이유는 디지털 시대의 가치를 코워킹 공간이 잘 담지하고 있기 때문일 것이다. 디지털 네이티브들은 단순히 멋진 공간, 의미가 담긴 공간에 만족하지 않는다. 물리적 공간의 의미와 더불어 그 공간을 누구와 어떻게 향유할지를 중요하게 여긴다. 이들에게 매력적인 공간을 만들기 위해서는 커뮤니티라는 '연결'의 가치를 어떤 방식으로 녹여넣을지 더욱 치열하게 고민해야 할 것이다.

기업 주도형 시스템이 아니라, 사용자의 교감으로 성장하는 비즈니스

2020년 3월 닌텐도가 출시한 스위치용 게임 '모여봐요 동물의 숲'은 우리나라에도 큰 반향을 일으켰다. 2019년 발생한 한일 무역분쟁으로 일본 브랜드에 대한 자발적 보이콧이 1년째 이어져온 데다, 코로나19로 사회적 거리두기가 시행 중이었던 것을 감안하면 무척 이례적인 현상이었다.

한국뿐 아니라 세계적으로 '동물의 숲' 인기는 폭발적이었다. 디지털 네이티브들이 모바일 기반의 온라인 게임에 집중하는 시점에, 별도의 콘솔이 있어야 하는 이 게임이 2020년 1분기에만 자그마치 1177만 장이 팔렸다. 한마디로 대박이 난 것이다.

게임을 만들 때 가장 중요한 것은 매력적인 목표를 설정하는 것이다. 인기 있는 게임에는 으레 플레이어들을 동기부여하는 보상과 흥미로운 목표가 담겨 있다. 그러나 '동물의 숲'은 이런 요소가 없는 게임이다. 정복해야 할 대상도, 물리쳐야 할 적수도 없다. '경쟁'이라는 동기부여가 없는 대신, '동물의 숲'은 플레이어들의 교감과 협력을 바탕으로 다양한 놀거리를 준다.

이 게임에서 가장 중요한 콘텐츠는 바로 '이웃 섬 놀러가기'다. '스위치 온라인' 서비스에 가입한 플레이어는 다른 플레이어의 섬으로 놀러가서 교류할 수 있다. 온라인 만남이지만 현실감을 높이기 위해 실제 플레이어가 있는 곳의 시간과 계절을 반영해서 무인도의 환경이 시시각각 변한다. 캐릭터 의상과 섬을 자기 취향대로 꾸밀 수 있음은 물론이다. 그러다 보니 자기 섬을 재미있게 꾸며서 자랑하고, 이웃들과 상황극을 만들며 즐기는 경우도 많다.

과거의 게임이 명확한 목표와 시나리오, 그리고 자극적인 경쟁관계를 추구했다면, '동물의 숲'은 편안함과 힐링을 기반으로 서로 공존하며 섬 하나하나를 개성 있는 커뮤니티로 만들어 성공시켰다. SNS에서 우연히 본 친구의 '섬'에 놀러가고 싶은 마음들이 모여 새로운 가치를 만든 것이다. 경쟁에 지친 현대인들이 교류하며 힐링할 수 있는 커뮤니티, 그것이 '동물의 숲'이 가진 진짜 힘일 것이다.

과거의 비즈니스 모델은 기업이 주도적으로 제품/서비스를 만들어 소비자에게 일방향으로 전달하는 형태였다면, 디지털 전환 시대에는 전혀 새로운 방식으로 비즈니스를 만드는 사례가 늘고 있다. 에어비앤비는 자신의 방을 빌려주는 전 세계 수많은 로컬 호스트들과 여행객을 연결하는 비즈니스로 100여 년 전통의 힐튼을 넘어서는 기업가치를 만들어냈다. 공유 오피스 역시 매력 있는 공간을 제공하는 것도 중요하지만 매력 있는 사람들로 그 공간을 채우는 게 더 중요하다. 펠로톤 또한 실내자전거에 스크린을 달아서 판매하는 것으로는 결코 지금의 구독자를 만들지 못했을 것이다. 펠로톤의 성공에는 매력 있는 구성원들과 소통하고 싶게 만든 커뮤니티의 힘이 있었다.

이처럼 디지털이 가진 가장 큰 힘은 연결에 있다. 촘촘한 디지털망으로 느슨하게 이어진 세상에 우리는 살고 있다. 이것이 하나의 구심점을 가지고 매력 있는 커뮤니티가 될 때, 느슨한 연결(weak tie)은 엄청난 힘을 가진 동력으로 작용할 수 있다. 이 결합을 만들어내는 기술도 중요하지만 결국 중요한 것은 어떻게 매력적인 생태계를 구축하고, 외부에 떠도는 연결지점을 모아 구심력 강한 커뮤니티를 만들어낼 것인지다. 많은 기업들이 디지털 전환 시대에 고민해야 할 지점이다.

진정성 있는 커뮤니티 모델로
콘텐츠 기반 네트워크를 만들어라

앞서 소개한 기업들처럼 커뮤니티, 연결 그리고 진정성을 핵심 비즈니스 모델로 하는 기업을 어센테크(AuthenTech) 기업이라 한다.[37] 어센테크 기업과 단순히 연결만 강조했던 기존의 커뮤니티 플랫폼 기업의 가장 큰 차이는 다음과 같다.

전통적인 네트워크를 강조하는 커뮤니티 플랫폼 기업은 시스템을 만들고, 가능한 많은 공급자와 소비자가 자신의 시스템 안에 오래 머물도록 묶어두는(lock-in) 것이 주목적이었다. 때로는 시스템에 머무는 이들의 숫자를 늘리기 위해 비윤리적인 행위나 진정성이 떨어지는 행위를 하는 경우도 있었다.

반면 어센테크 기업들이 중요하게 생각하는 것은 단순히 많은 사람들을 모아 네트워크 효과를 확장하는 것이 아니다. 그보다는 활력 넘치고(vibrant), 생산자와 사용자가 진정으로 서로를 지원하는(supportive) 커뮤니티를 만들기 위해 사람들 사이에 협력(collaboration)을 야기하고자 노력한다. 그럼으로써 이들은 결과적으로 콘텐츠 기반 네트워크(content-based network)가 된다. 콘텐츠 기반의 네트워크 안에서 커뮤니티 멤버들은 서로의 경험과 목표 그리고 이상을 공유하면서 '진짜 연결되는' 경험을 한다. 그 경험이 하나둘 콘텐츠로 쌓이고, 그것이 생태계 내에서 네트워크 효과를 일으킨다고 본다.

콘텐츠 기반의 네트워크를 만들려면 기업은 무엇을 해야 할까?

첫째, 기업이 만든 메시지를 받아들이기만 하는 커뮤니티가 아니라 살아 숨 쉬는 커뮤니티를 만들고자 노력해야 한다. 시스템에 그저 수많은 사람을 모으는 것보다는, 시스템에 모인 사람들이 서로의 경험, 목표, 가치들을 공유할 수 있도록 하고, 이들이 자연스럽게 생기 있는 커뮤니티로 성장하도록 도와야 한다.

둘째, 커뮤니티의 중심은 기업이 아니라 멤버들이 되어야 한다. 기존의 커뮤니티 모델은 기업이 만든 시스템 안에 가능한 많은 사람들이 모여 머물게 하는 게 목적이었다. 그러나 콘텐츠 기반의 네트워크에서는 커뮤니티가 철저하게 멤버들에 의해 성장해야 한다. 커뮤니티의 핵심 목적 또한 멤버 간의 교류를 통해 서로의 동기를 북돋고, 더 긴밀히 연결되며, 더 자존감이 높아지는 것이 되어야 한다.

마지막으로, 콘텐츠 기반 네트워크는 이익(profit)보다는 가치(value) 형성에 더 공을 들인다. 기존의 커뮤니티 모델이 시스템에 들어오는 사람들의 숫자를 이익으로 전환하는 데 초점을 맞췄다면, 콘텐츠 기반의 네트워크는 커뮤니티 구성원들을 위한 가치를 생성하는 데 더 공을 들이고, 이런 가치가 자연스럽게 수익을 낳을 수 있도록 시스템을 구성한다.

결국 진정성 있는 교류와 목표 공유, 그리고 서로에 대한 응원이 모여 콘텐츠로 쌓이고, 이것들이 가치가 되고, 그 결과 해당 생태계를 운영하는 기업에 이득이 되도록 순환고리를 만들어내는 것이 커뮤니티 비즈니스의 핵심이다. 앞으로는 사용자에게 진정한 가치를 주지 못하는 커뮤니티 모델과 사용자들의 성장을 돕고 공감을 얻는 커뮤니티 모델 사이의 옥석 가리기가 일어나리라 본다. 가치 있는 커뮤니티 비즈니스 모델을 추구하는 기업이라면 진정성을 토대로 한 콘텐츠 기반 네트워크를 만들어야 할 것이다.

DT 법칙 체크리스트

1. 우리 고객들의 커뮤니티를 구축할 가치와 공간을 고민해보자.

2. 고객들이 함께 만들어갈 수 있는 프로그램과, 이를 통해 은근한 경쟁을 끌어낼 게임 요소는 무엇이 있을까?

3. 고객 간의 연결, 온라인/오프라인/온오프라인 공간의 연결을 가능하게 하는 디지털 기술을 찾아보자.

소비자를
크리에이터로
만들어라

상상하는 대로 만들어드립니다

2019년, 〈블룸버그〉는 이케아의 연간 리테일 매출이 440억 달러를 돌파했다고 발표했다. 이케아의 자체 발표에 따르면 전년 대비 약 6% 이상 매출이 증가했으며, 이는 2016년 이후 가장 높은 성장세다.

이케아의 지속적인 성장 이면에는 디지털 시대에 적응하려는 혁신 전략이 있다. 이케아는 2018년, 외부 파트너들과 협업해 제품을 제작할 수 있는 일종의 공동창조 디지털 플랫폼을 론칭했다. '함께 만드는 이케아'(Co-Create IKEA)라는 플랫폼 이름에서 알 수 있듯이, 기업 외부에 있는 디자이너, 스타트업 그리고 소비자들을 참여시켜 혁신적인 아이디어를 발굴해 제품화하는 것이 이 플랫폼의 목적이다.

플랫폼은 크게 제품 아이디어, 부트캠프(bootcamp), 대학생들과의 콜라보, 혁신연구소와 전 세계 창작공간들의 연결이라는 5

개 영역으로 나뉘어 외부 협력자들의 아이디어를 내부로 연결시킨다.

'제품 아이디어'는 소비자들이 일상에서 사용하는 이케아 제품에 대한 창의적 아이디어를 제안하는 오픈 아이디어 플랫폼이다. 이케아 홈페이지에 가면 전 세계 다양한 소비자들이 이케아의 제품을 사용하는 독특한 방식이나, 특정 이케아 제품들을 재조합해서 불편을 해소한 사례들을 공유하고 있다.

'부트캠프'는 호기심 많고 열정적인 외부 스타트업들이 이케아의 문제점에 대한 솔루션을 제안하는 통로다. 2017년 첫 번째 부트캠프를 열었을 때 약 1200개 팀이 온라인으로 지원서를 제출했고, 그중 10개의 아이디어가 실행 프로젝트로 선정되었다. 아이디어가 채택된 팀은 3개월 동안 이케아 디자인팀과 협력하여 해당 프로젝트를 추진하는 기회를 가진다.

'대학생들과의 콜라보'는 젊고 창의적인 대학생들과 주기적으로 협력하는 오픈 워크숍 세션이다. 일례로 호주 이케아는 2019년 6월에 시드니공과대학 건축/디자인학과 학생들과 3일간 워크숍을 열었다. 이 자리에서 학생들은 이케아 제품 디자이너들과 함께 호주 소비자들이 일상에서 겪는 문제를 해결할 제품 아이디어를 모색했다. 이케아는 전 세계 대학생들과 주기적으로 워크숍을 개최해 디지털 네이티브들이 생각하는 삶의 방향, 그들이 그리는 미래형 주택이나 가구에 대한 아이디어를 습

이케아는 고객의 의견을 청취하고 대학생들과 머리를 맞대는 등 외부의 아이디어를 적극 수렴한다. (사진출처 : ikeacocreation.com)

득하고 있다.

이케아의 이런 시도는 IT 기업에서 종종 눈에 띄는 오픈소스 소프트웨어 사용 패턴과도 결이 비슷하다. 최근에는 온오프라인 플랫폼을 통한 공동창조만이 아니라 소비자가 편의에 따라 제품 자체를 자유롭게 변형할 수 있도록 하는 시도도 활발히 이루어지고 있다.

2018년 이케아는 세계적인 디자이너 톰 딕슨(Tom Dixon)과 콜라보하여 작업한 일종의 오픈소스 소파를 소개했다. 이 소파의 이름은 델라티크(Delaktig)로, 스웨덴어로 '무엇의 일부분이 될 수 있는'이란 뜻이다. 그 이름에서 알 수 있듯이, 이 소파는 사용자가 상상의 나래를 펼쳐 원하는 방식으로 변형하고 조립하고 커스터마이징할 수 있도록 만들어졌다. 사람들은 이 소파를 침대 형태로 만들 수도 있고, 사이드 테이블 또는 클립형 램프를 달 수도 있다. 실제로 이 소파는 다양한 방식으로 변형되면서 소비자들의 상상력을 만족시켜 주었고, 이케아는 그 결과물을 데이터화해서 소비자들이 어떤 식으로 제품을 사용하는지 관찰할 기회를 얻었다. 오픈소스 소파를 통해 이케아는 소비자들의 상상력을 자극하며 '우리는 언제든 당신의 상상을 구현하고 당신이 원하는 가구를 만들어줄 수 있으니 이케아와 함께 더 멋진 공간을 만들어보자'고 말을 거는 것이다.

폐쇄적인 마이크로소프트는
어떻게 오픈소스를 통해 부활했는가

"우리는 오픈소스에 대해 잘못된 생각을 가지고 있었다."(Microsoft was on the wrong side of history when open source exploded at the beginning of the century.)

2020년 5월, 마이크로소프트의 브래드 스미스(Brad Smith) 사장이 MIT 초청 강연에서 한 말이 업계의 이목을 끌었다. 이 발언이 주목받은 이유는 마이크로소프트야말로 한때 오픈소스를 반대하는 데 앞장선 기업이었기 때문이다. 마이크로소프트의 2대 CEO였던 스티브 발머(Steve Ballmer)는 오픈소스 운영체제로 유명한 리눅스(Linux)를 "지적재산을 무력화하는 암적인 존재"라고 혹평할 정도로 오픈소스에 적대적이었다.

오픈소스는 소프트웨어 프로그램을 개발하는 과정에 필요한 설계도, 즉 소스 코드 등을 누구나 접근 가능하도록 공개하는 것으로, 누구나 자유롭게 이용하고 2차 창작하는 것은 물론 상업적인 용도로도 사용할 수 있다.

주지하다시피 과거 마이크로소프트의 최대 수익모델은 윈도우즈 소프트웨어였다. 한때 윈도우즈는 PC 시장의 90%를 장악하며 사실상 독점체제를 구축했다. 그러고는 이 운영체제에 들어가는 워드, 엑셀, 파워포인트 등의 MS오피스 프로그램과 인터넷 브라우저인 익스플로러를 통해 성장을 구가해왔다.

성장세가 꺾이기 시작한 것은 2009년부터였다. 그 무렵 부상하기 시작한 모바일 시장에 마이크로소프트는 이렇다 할 대응을 하지 못했다. 기존의 PC 윈도우즈는 모바일 환경의 사용성에 맞지 않았다. 뒤늦게 모바일 점유율을 높이기 위해 추진한 노키아 인수가 실패로 귀결되면서, 모바일 시장에서 마이크로소프트는 사실상 쓸쓸하게 퇴장하게 된다. 모바일 시장은 애플과 구글이라는 두 거대기업에 의해 좌지우지되었고, 사용자들 또한 이들 기업이 만든 생태계의 사용자 경험에 익숙해졌다. 설상가상으로 윈도우즈 비스타(Vista)와 윈도우즈8이 잇달아 실패하고, 반독점 소송전을 치르는 동안 마이크로소프트의 기업 이미지마저 땅에 떨어졌다. 그런 틈을 타, 독점하고 있던 오피스 시장마저 구글독스(Google Docs)와 아이워크(iWork)에 도전받는 상황에 놓이게 된다. 이런 이유로 2012년 한때 마이크로소프트의 주식은 26달러까지 추락했고, 스티브 발머는 책임을 지고 사임하기에 이르렀다.

위기의 마이크로소프트를 살려낸 이는 앞서 말했던 3대 CEO 사티아 나델라다. 그는 취임 이후 OS에 의존하던 기존 사업모델을 클라우드 모델로 전환하는 한편, 독점기업이라는 이미지를 다양한 오픈소스 서비스를 통해 개선해가기 시작했다. 마이크로소프트는 비주얼 스튜디오 코드, 파워셸과 같은 자사 서비스에 오픈소스 트렌드를 적극 반영했고, 10년 가까이 유지하면서 독점의 상징처럼 되어버린 익스플로러를 버리고 오픈소스 크로미움 기반의 엣지(Edge)를 공식 웹 브라우저로 채택했다.

이러한 노력 끝에 2020년 11월 마이크로소프트의 주가는 210달러를 넘겨 최악의 시절에 비해 10배의 성장을 만들어냈으며, 애플과 아마존, 구글(알파벳)과 함께 미국 주식시장에서 시가총액 1조 달러 기업에 진입하며 세계 최대 IT 기업으로 화려하게 부활했다.

게이머를 조물주로 만든 작은 회사의 반란

2020년 모든 플랫폼에서 2억 장 이상 판매된 비디오 게임, 한 달 평균 활동하는 유저가 1억 명이 넘는 전 세계 최고의 인기 게임. 바로 마인크래프트 게임이다. 흥미로운 사실은 세계에서 가장 많이 팔린 이 게임이 메이저 기업이 아닌, 자그마한 인디 게임 회사가 막강한 자본력도 없이 만들어서 성공시켰다는 것이다.

이 게임이 등장하기 전, 기존에는 세계적인 게임을 만들려면 화려한 그래픽과 사람의 마음을 움직이는 감동적이고 강력한 스토리라인, 그리고 엄청난 마케팅을 실행할 수 있는 막강한 자본력이 필수라고 여겼다. 하지만 마인크래프트를 플레이해보면 알 수 있듯 이 게임에는 화려한 그래픽도, 제작시 설정해둔 감동적인 스토리도 없다. 출시 직후 게임을 알리기 위해 투하된 막대한 자본금도 당연히 없었다. 오히려 마인크래프트 제작사인 모장(Mojang)은 출시 초반에 게임을 알리기 위한 홍보를 거의 하지 않았다.

이렇다 할 홍보활동도 없이 알음알음 하루 수십 장 정도 팔리던 이 게임을 베스트셀러로 만든 것은 대규모 마케팅 공세가 아니라 게이머들의 자발적인 입소문이었다. 전문가들은 마인크래프트가 세계적인 게임으로 발돋움한 원동력을 게이머들에게 자율권을 준 것에서 찾는다. 게이머들이 마인크래프트라는 거대한 가상세계의 놀이터에서 마음껏 창의력을 발휘하도록 한 것이다. 게이머들은 이 놀이터에서 스스로 구조물을 만들고, 원하는 대로 다양한 콘텐츠를 제작할 수 있다.

마인크래프트는 일종의 샌드박스 게임이라 할 수 있다. 샌드박스 게임이란 플레이어들에게 높은 자유도를 부여하고, 이를 기반으로 각자 다양한 플레이 패턴을 만들어낼 수 있는 게임을 뜻한다. 게임은 목표를 제시하고, 그 목표를 해결하는 방식은 플레이어 스스로 자유롭게 만들어갈 수 있는 게 샌드박스 게임의 핵심이다.

마인크래프트 게임이 게이머들에게 높은 자율권을 주게 된 계기도 흥미롭다. 게임 개발자인 마르쿠스 페르손(Markus Persson)

은 여러 명의 플레이어가 광물을 캐며 경쟁하는 인피니마이너라는 게임을 출시했다. 그런데 이 게임의 소스가 유출되는 사고가 발생해 어쩔 수 없이 오픈소스로 전환하게 되었다고 한다. 그러자 플레이어들은 게임에 더 몰입하고 각자 나름의 방식으로 게임의 목표를 달성하고자 노력했고, 이 모습에서 페르손은 마인크래프트 게임에 대한 영감을 얻었다고 한다.

이런 높은 자유도 덕분에 마인크래프트는 게임 내의 룰이나 명령어를 조작해서 플레이어 스스로 게임 모드를 만들기가 비교적 쉽다. 게임 개발자가 튜토리얼을 제공하면 플레이어가 쉽게 게임에 적응할 수 있다는 장점이 있지만, 해당 게임을 그 튜토리얼의 프레임 안에서만 사용해야 한다는 단점도 있다. 그런 이유로 마인크래프트는 의도적으로 게이머들에게 아무런 튜토리얼을 제공하지 않았다.

튜토리얼도 규제도 없는 이 공간에서 플레이어들은 하고 싶은 것을 알아서 찾아야 한다. 집을 짓거나, 사냥이나 낚시를 하는 등 스스로 목표를 세우고 자유롭게 각자 시간을 보낸다. 광대한 마인크래프트 세계를 어떻게 이용하고 즐길지는 오롯이 게이머의 선택에 달렸다. 정해진 공간에서 룰을 따라 플레이하는 게이머가 조물주이자 크리에이터로 변신하는 것이다.

이 과정에서 게이머들은 각자의 이야기를 만들어간다. 마인크래프트는 자율성만 높여주는 데 그치지 않고, 플레이어가 창조한 구조물과 기능이 다양한 콘텐츠로 만들어지고 퍼져나갈 수 있는 시스템을 구축했다. 이처럼 무궁무진한 콘텐츠 제작 가능성 때문에 이 게임은 특히 유튜버들에게 엄청난 인기를 끌고 있다. 마인크래프트 게이머들은 상상력을 마음껏 발휘해 콘텐츠를 만들고, 이 영상을 유튜브에 업로드하고 다른 게이머들과 소통한다. 예컨대 유명 유튜브 채널 '잠뜰TV'의 '술래잡기' 콘텐츠는 저마다 다른 초능력을 보유한 출연자들이 술래잡기를 하는 TV 예능 프로그램 에피소드를 마인크래프트 게임 공간에 고스란히 구현한다. 이처럼 마인크래프트는 높은 확장성 덕분에 다양한 영역에서 게임 콘텐츠를 가져다 사용할 수 있다.

 나아가 게임 개발사는 전 세계에 있는 다양한 사람들과 거대 커뮤니티를 만들어 게임을 즐길 수 있도록 장려했다. 마인크래프트의 플레이어들은 다양한 게임 기능을 이용해 새로운 환경을 만들고, 이를 커뮤니티에 공유해 다른 게이머들과 함께 멀티 플레이를 즐길 수 있다. 인터넷에 검색하면 마인크래프트 서버를 열어 친구들과 멀티플레이 게임을 할 수 있는 방법이 상세하게 나온다. 전 세계에 하루가 멀다 하고 새로운 마인크래프트 커뮤니티가 만들어지는 비결이다.

 마인크래프트의 제작사 모장의 선임개발자인 옌스 베르겐스텐(Jens Bergensten)은 게임 출시 2년을 회고하며 마인크래프트가 성공할 수 있었던 핵심은 게이머와 개발자가 서로 의견을 나눌 수 있는 '커뮤니티의 존재'라고 말했다.[38] 게임 개발과정에서부터 게이머와 개발자가 꾸준히 대화를 나누며, 게이머들이 건네준 아이디어를 반영해 업데이트해온 것이 성장에 가장 큰 역할을 했다는 것이다. 마인크래프트의 상징적 아이덴티티는 플레이어에 의해 성장하고 업데이트되는 '개발이 끝나지 않는 게임'이라 할 수 있다.

마인크래프트의 오픈형 커뮤니티 플랫폼에 매력을 느낀 마이크로소프트는 게임 개발사인 모장을 2014년 9월 25억 달러에 인수했다. 이 엄청난 금액을 단지 마인크래프트 하나만을 보고 지불한 것은 아닐 것이다. 이 게임의 오픈소스적인 확장성과 거대한 사용자 커뮤니티가 지닌 잠재력, 이것의 가치에 지불한 것 아니겠는가?

고객을 창작자로 만드는 4가지 방식

마인크래프트처럼 고객에게 단순한 소비자의 역할을 넘어 창조자의 역할을 부여함으로써 혁신을 만들어내는 기업이 다양한 영역에서 생겨나고 있다. 기술 발달로 이제는 자동차처럼 복잡한 산업분야에서도 고객에게 창조자의 역할을 부여할 수 있게 되었다.

2014년 개최된 '백악관 메이커 페어'(2014 White House Maker Fair)에서 버락 오바마 미국 대통령이 '혁신의 아이콘'이라 극찬한 벤처기업 로컬모터스(Local Motors)는 3D 프린터를 도입해 자동차를 빠르게 '찍어낸다.'[39] 3D 프린팅 방식이기 때문에 개인 맞춤형 차량을 생산하더라도 가격이 급격하게 올라가지 않는다. 만드는 데 많은 시간이 들지 않고, 모든 제조공정이 선주문 후생산 방식이기 때문에 사전에 생산에 들어가는 비용을 충분히 예측할 수 있다. 또한 재고차량을 쌓아둘 적재공간이 필요 없으므로 개인 맞춤형 서비스를 제공하기에도 편하다.

그러나 이들이 혁신기업이라 일컬어지는 이유는 이처럼 40시간 만에 뚝딱 자동차를 완성해서만이 아니다. 차량 디자인에 집단지성 방식을 사용했기 때문이다. 로컬모터스는 개발과정 전체를 공개하는 오픈소스 방식을 자동차 업계 최초로 도입했다. 차량 개발 아이디어를 공개된 온라인 공간에 제안하고, 그 아이디어를 누구나 자유롭게 변형하거나 재배포할 수 있도록 했다. 차체, 섀시, 내외부 차량 인테리어 디자인에 대한 아이디어를 내놓으면 해당 영역의 전문가들이 아이디어를 검토하고 보완하기도 한다.

많은 전문가들이 디지털 전환 시대에는 소비자들에게 창작자

의 역할을 부여하는 공동창조 전략이 중요해질 것이라고 입을
모은다. 이제 공급자 주도형의 대량소비 시대는 막이 내리고 초
개인화(hyper personalization), 초 맞춤화(hyper customization)의
시대가 열릴 것이다. 특히 고객들의 다양한 취향을 기업이 알아
서 맞춤화(customization)하는 것을 넘어 고객들이 직접 자신의
취향에 맞는 제품을 제작하고 주문하는 개인화(personalization)
가 더 중요해질 것이다. 디지털 세상에서는 고객이 자신의 취향
을 데이터로 확실하게 남기고, 생산 또한 3D 프린트 기술 등으
로 빠르고 효율적으로 할 수 있다. 그런 만큼 고객에게 단순한
소비자가 아니라 생산자의 역할을 부여하는 시도는 더욱더 늘어
날 것이다.

이제 기업들은 자신들의 고객을 창작자로서 어느 수준까지 초
대할 것인지(contribution part)와, 그들이 제공한 아이디어를 반
영하는 방식(selection part)에 대해 고민해야 한다. 선택의 주체
와 범위에 따라 공동창조 전략은 크게 4가지로 나뉘기도 한다
(210쪽 도표 참조).

때로는 제한된(fixed) 범위 내에서 소비자들이 의견을 내도록
하고, 전문가들이 그 아이디어를 다듬는 시스템을 구성할 수도
있을 것이다. 때로는 소비자들이 광범위하게 의견을 내며 자유
롭게 창작자의 역할을 하게끔 역할을 부여할 수도 있을 것이다.
로컬모터스 사례에서 보듯이 자동차처럼 첨단기술이 집약된 산

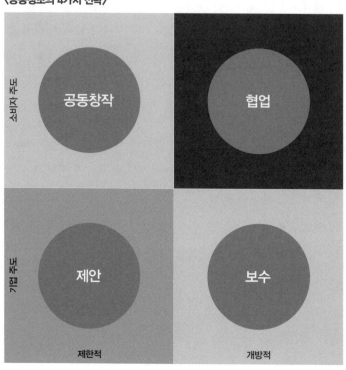

〈공동창조의 4가지 전략〉

아이디어 선택 주체

소비자 주도
공동창작 / 협업

기업 주도
제안 / 보수

제한적 　 개방적

아이디어 생산 범위

업에서는 제한된 범위 내에서 창작을 허용할 수밖에 없을 것이며, 운동화처럼 상대적으로 첨단기술이 덜 필요한 영역에서는 개발과정에 소비자에게 더 큰 자율성을 부여하는 것이 효과적인 전략이 될 수 있다. 나이키의 나이키ID 사례처럼 말이다.

동시에 아이디어 선택의 주체를 소비자가 주도하는 인기투표나 선호 점수 형태로 진행할지, 혹은 기업이 할지도 생각해봐야 한다. 고객에게 창작자의 역할을 어떠한 방식으로 부여할지, 산업의 특성을 고려해 전략적으로 모델을 구성할 필요가 있다.

DT 법칙 체크리스트

1. 고객에게 오픈할 수 있는 기술이나 정보가 있는가?

2. 고객의 제품/서비스 이용후기를 들을 수 있는 채널이나 커뮤니티가 있는가?

3. 우리 제품/서비스에 소비자가 창작자가 됨으로써 발생할 혁신가치가 있는가?

조직문화에
디지털
DNA를
심어라

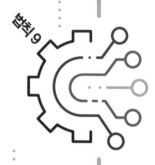

디지털 전환은 단순하게 생각하면 디지털 기술로 촉발된 세상의 변화를 기업과 조직이 받아들여 스스로 변화하는 과정이다. 외부 환경과 기술, 고객의 취향은 늘 달라진다. 최근 컴퓨터와 인터넷에 의한 정보혁명이 일어난 이후 조직을 둘러싼 환경의 변화는 어떻게든 '디지털화'라는 거대한 흐름을 타게 되었고, 이러한 양상은 모바일과 초연결로 대변되는 4차 산업혁명 시대에 더욱 가속화되고 있다.

조직 역시 쉼 없이 일어나는 외부 환경 변화에 적응해야 한다. 한 번의 대대적인 혁신으로는 가능하지 않다. 변화된 환경에 발맞춰 조직이 새로운 역량을 갖추어도, 환경이 또 다시 바뀌어버리면 애써 이룩한 역량은 빛이 바랜다. 그래서 끊임없이 변화하는 환경에서는 변화하는 능력 자체가 최고의 경쟁력이다. 이제까지의 조직 전략은 지속가능한 비즈니스 모델을 만드는 데 초점을 맞추어왔지만, 이제는 조직의 적응력 자체를 키우는 노력이 필요하다.

이를 위해서는 어떠한 형태로든 변신할 수 있는 유연한 조직, 과거에 얽매이지 않는 리더십, 그리고 상황에 따라 속도를 조절하며 변화할 수 있는 학습능력이 요구된다. 결국 변화 자체를 DNA에 심어 경직되지 않은 문화를 가진 조직이 되어야 한다.

성공한 비즈니스 모델도 버린다

넷플릭스가 뜨겁다. 미국만의 현상도 한국만의 유행도 아닌 세계적인 열풍이다. 만약 2012년 11월에 넷플릭스 주식에 1만 달러를 투자했다면 지금 그 주식의 가치는 얼마가 되어 있을까? 넷플릭스 홈페이지에는 이런 정보를 제공하는 주식투자 계산기가 있다. 2012년에 투자한 1만 달러는 2020년 11월 기준으로 40배가 넘는 40만 6000달러가 되어 있다. 원화로 환산하면 대략 1000만 원이 4억 원이 넘는 금액으로 불어난 것이다. 1000만 원이 아니고 1억을 투자했다면? 행복하고도 씁쓸한 상상을 하게 만드는 이 지표는 지난 8년간 넷플릭스가 얼마나 거침없이 성장해왔는지를 실감하게 한다.

넷플릭스를 비교적 최근에 접했다면 비디오 온라인 스트리밍 서비스로 성공했다고 생각하기 쉽다. 하지만 넷플릭스는 현재의 비즈니스 모델 이전에 우편으로 DVD를 배송해주는 영화 렌털 사업으로 초기의 성공을 이뤄냈다.

넷플릭스는 온라인 스트리밍 서비스가 상용화되기 훨씬 전인 1997년에 창업했다. 당시 미국 비디오 렌털 시장은 블록버스터(Blockbuster)가 지배하고 있었다. 성공의 정점에 이르렀던 2004년 블록버스터는 미국 전역에 9000여 개의 점포를 가지고 있었고 연간 수익은 59억 달러에 달했다.[40] 전국적인 점포망, 막대한 자금력, 강력한 브랜드 인지도를 바탕으로 말 그대로 비디오 및 DVD 렌털 시장을 장악하고 있었다.

넷플릭스의 창업 스토리를 이미 들어본 분도 있을 것이다. 창업자 리드 헤이스팅스(Wilmot Reed Hastings Jr.)가 한 번은 블록버스터에서 대여한 영화를 깜빡 잊고 6주간 반납하지 않았다. 그사이에 쌓인 연체료는 무려 40달러. 당시 블록버스터는 연체한 날만큼 연체료를 부과하는 것으로 악명 높았는데, 한때 그렇게 거둬들인 연체료 수익이 연간 8억 달러에 이를 정도였다. 그해 전체 매출액의 16%에 달하는 금액이었다.

지나친 연체료에 화가 난 헤이스팅스는 블록버스터의 많은 고객들이 같은 불만을 가지고 있음을 알게 되었다. 직접 블록버스터 점포에 가서 DVD를 빌리고, 다시 점포에 와서 반납하고, 날짜를 어기면 연체료를 내야 하는 불편한 시스템에 고객들의 불만이 컸지만 이렇다 할 대안이 없는 상황이었다.

여기에서 힌트를 얻어 헤이스팅스는 새로운 형태의 DVD 렌털 사업을 떠올렸다. 넷플릭스는 1998년 웹사이트를 개설하고 최초로 영화 우편배송 서비스를 시작했다. 웹사이트에서 대여 신청을 하면 DVD를 우편으로 배송해주는 것으로, 인터넷 사이트에서 대여하기 때문에 '인터넷'과 '영화'라는 의미를 조합한 '넷플릭스'가 회사 이름이 되었다. 블록버스터가 장악하고 있던 영화 대여시장에 침투하기 위해 교과서적인 세컨드무버(second-mover) 전략을 취한 것이다. DVD를 인터넷으로 대여하고 우편으로 배송하니 점포를 지을 필요가 없고 점포마다 직원을 고용할 필요가 없다. 이는 임대료와 인건비 등의 고정비를 낮추는 효과는 물론이고, 기존의 강자인 블록버스터가 가진 최대 자산을 무력화하는 결정적 한 방이 되었다.

세컨드무버 전략에서 가장 중요한 점은 선발주자, 즉 블록버스터에 대한 고객들의 불만을 파악하고 이에 현명하게 대응하는 것이다. 창업의 단초가 된 고객불만에 주목해 넷플릭스는 연체료를 부과하지 않겠다고 천명했다. 'No Late Fee Policy'라고 명명된 이 정책은 초창기 넷플릭스를 블록버스터와 구분 짓는 중요한 특징이 되었다. 이어 1999년에는 최초로 월정액 구독 서비스를 도입해 가입자들이 추가비용 없이 영화를 무제한 빌려볼 수 있도록 했다. 고객들은 번거롭게 점포를 방문할 필요도 없고 연체료 걱정도 없는 데다, 이제는 대여료 부담도 없이 실컷 영화를 볼 수 있게 된 것이다.

넷플릭스 DVD 우편배송 서비스 (사진출처 : 넷플릭스 홈페이지)

블록버스터에게도 기회가 없었던 것은 아니다. 2000년경, 5000만 달러에 넷플릭스를 인수할 기회가 있었다. 넷플릭스의 리드 헤이스팅스 회장이 먼저 블록버스터에 파트너십을 제안했고, 심지어 회사를 매각할 의사도 있었다. 하지만 블록버스터는 넷플릭스를 인수하지 않기로 결정했는데 넷플릭스의 우편배송 서비스가 영영 틈새시장에 머물 것으로 판단했기 때문이다. 아이폰이 등장했을 때 스마트폰이 일부 얼리어답터만의 틈새시장이 되리라 예상했던 노키아처럼 말이다. 그러나 블록버스터의 생각과 달리 고객들의 반응은 폭발적이었다.

블록버스터는 뒤늦게 우편배송 서비스를 개설하고 대응에 나섰지만 이미 넷플릭스가 압도적인 브랜드 가치를 축적한 뒤였다. 무엇보다 구독 시스템 내에 가입자들이 서로 영화에 대해 평가하고 추천하는 항목이 있는데, 이것이 고객들을 강력하게 묶어두는 록인 효과를 발휘했다.

고객 추천제도는 이후 넷플릭스가 디지털 기업으로 전환하는 단계에도 가장 중요한 자산이 되었다. 지금도 넷플릭스가 경쟁 우위를 갖는 이유는 엄청난 양의 고객 데이터를 수집하고 이를 AI 기술로 분석해 개인 취향에 맞춰 작품을 추천하는 능력이 탁월하기 때문인데, 스트리밍 서비스를 시작하기 이전부터 시작된 고객 추천제도가 그 원천이었다. 결국 비디오 대여업계의 공룡 기업 블록버스터는 새로운 비즈니스 모델을 들고 온 넷플릭스에 대체되면서 2010년 파산보호 신청을 하기에 이르렀다.

여기까지의 스토리는 넷플릭스가 인터넷이라는 무기를 가지고 기존의 강자를 이기는 성공의 과정이다. 하지만 2007년, 넷플릭스는 그동안의 성공요인을 스스로 버리는 결단을 내린다. 엄청난 성공을 안겨준 우편배송 서비스를 대폭 축소하고 현재의 온라인 스트리밍 방식으로 사업모델을 변경한 것이다.

온라인 스트리밍 방식은 우편배송처럼 넷플릭스가 처음 시도한 모델이 아니다. 심지어 넷플릭스를 창업한 1997년에도 스트리밍 기술은 이미 있었다. 그러나 그때는 미국도 전화선으로 인

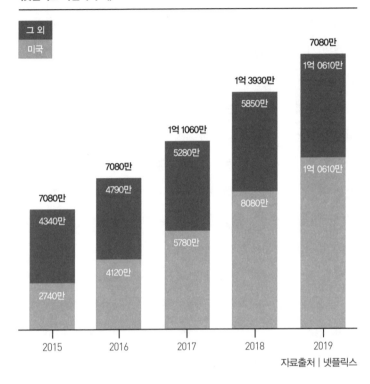

〈넷플릭스 가입자 추이〉

그 외
미국

2015
7080만
4340만
2740만

2016
7080만
4790만
4120만

2017
1억 1060만
5280만
5780만

2018
1억 3930만
5850만
8080만

2019
7080만
1억 0610만
1억 0610만

터넷에 접속하던 시대여서 스트리밍 방식으로 사업을 전개하기
에는 무리가 있었다. 회사 이름에서부터 인터넷 기반 사업모델
을 염두에 둔 넷플릭스가 우편이라는 오프라인 배송을 택했던
이유다.

그런 넷플릭스가 근간이 된 사업모델을 바꾸는 결단을 한 것
은 그동안 축적한 고객 데이터가 있었기에 가능했다. 고객정보

를 분석한 결과 DVD 렌털 사업의 수익성은 점점 악화될 것이 예측되었다. 반면 인터넷이 널리 보급되고 속도도 빨라지면서 스트리밍 사업을 전개하기에 충분한 인프라가 갖춰진 것은 기회요인이라 판단했다.

물론 전략을 수립하는 것과 실행은 또 다른 문제다. 스트리밍 서비스를 선점하려는 의욕이 지나친 나머지 헤이스팅스는 기존의 우편배송 사업을 서둘러 떼어내려는 실수를 저질렀다. 우편배송 사업을 별도의 회사로 분사하려다 기존 고객의 거센 반발에 부딪힌 것이다. 월정액 인상으로 안 그래도 비판여론에 직면해 있던 넷플릭스는 이 시기 '나스닥 퇴출 1순위 기업'이라는 오명을 쓰기도 했다. 그러나 결과적으로 스트리밍으로의 전환은 넷플릭스에게 초기의 성공을 뛰어넘는 성과를 안겨주었다. 2014년 가입자 수가 5000만 명을 돌파했고 2020년에는 코로나19 여파로 가입자가 더욱 증가해 1억 9500만 명에 이르렀다.

성공한 모델을 변경하는 것은 실패를 인정하는 것보다 더 어렵다. 성공 공식과 밸류체인을 바꾸는 과정에서 매몰비용에 대한 우려를 지우기가 쉽지 않기 때문이다. 무엇보다 성공을 이뤄낸 경영진과 구성원들에게 일종의 '성공의 추억'이 생겨, 과거 성공했을 당시의 환경을 기준으로 의사결정을 내리기 쉽다.

하지만 고객가치와 업의 본질을 중심에 두고 생각하면 다른 방향으로 나아갈 수 있다. DVD를 빌리는 고객들이 궁극적으로 추구하는 가치는 대여행위나 DVD 자체에 있는 것이 아니라 대여한 영화의 콘텐츠를 즐기는 데 있다. 넷플릭스는 성공한 조직이 갖는 고질적 문제인 관성을 극복하고 '콘텐츠 소비'라는 사업의 본질을 전달하는 매개체를 고객의 편의가 증대되는 인터넷 스트리밍으로 변화시키는 데 성공했다. 리드 헤이스팅스 회장이 저서 《규칙 없음》에서 강조하듯 넷플릭스라는 회사는 '규칙'이라는 이름의 관성에 얽매이지 않고 지속적인 혁신과 창조를 위한 문화를 조직의 강점으로 만들어가고 있는 중이다.

아이덴티티를 유지하며 변화에 적응하는 전략

대표적 콘솔게임 회사인 닌텐도는 조직의 지속적 혁신이 무엇인지 보여주는 좋은 사례다. 일본 교토에 위치한 닌텐도는 우리가 잘 아는 '슈퍼마리오' 게임으로 유명하지만 그 출발은 게임카드(화투)를 만드는 것이었다. 1983년 첫 번째 콘솔 게임기인 패미콤을 출시하면서 본격적으로 전자게임 업체로 성장한 닌텐도는 일본은 물론 전 세계 콘솔게임 업계의 상징과 같은 회사로 발돋움했다. 뒤를 이어 1994년 소니의 플레이스테이션, 2001년 마이크로소프트의 엑스박스가 출시되면서 본격적으로 콘솔게임의

삼자구도가 만들어졌고, 이 구도는 현재까지 유지되고 있다.

　닌텐도의 역사를 살펴보면 소니나 마이크로소프트와는 확연히 다른 특징이 있다. 일반적으로 콘솔게임의 주 구매층은 젊은 남성으로 고사양의 그래픽과 컴퓨팅 속도를 중요하게 여기며, 상대적으로 게임 콘솔과 소프트웨어 구매에 많은 비용을 지불하는 고관여 게이머들이다. 소니의 플레이스테이션이나 마이크로소프트의 엑스박스는 이런 취향을 충실히 반영한 게임이다. 반면 닌텐도는 '누구나 즐길 수 있는 게임'이라는 컨셉 아래 전형적 게이머가 아닌 모든 사람, 즉 캐주얼 게이머를 타깃으로 게임을 만든다.[41]

　누구나 즐길 수 있는 쉬운 게임에 초점을 맞춘 전략은 큰 성공을 거둔 닌텐도 DS, 닌텐도 위(Wii), 닌텐도 스위치 등의 콘솔에 잘 구현돼 있다. 누구나 쉽게 컨트롤러를 조작할 수 있도록 닌텐도는 스타일러스 펜이나 모션센서 등 비전형적인 게임 컨트롤을 이용해 게임을 제작했다. 또한 소니와 마이크로소프트가 벌이는 사양 경쟁과는 정반대 방향을 택해, 닌텐도 스위치 등 주요 제품의 그래픽이나 사운드 품질을 적당한 수준으로 낮추고 가격 부담을 줄였다. 닌텐도의 광고를 보면 그들이 지향하는 게임 문화와 타깃 고객층이 잘 나타난다. 콘솔이라는 하드웨어를 통해 누구나 쉽게, 그리고 함께 즐길 수 있는 게임이라는 메시지다.

남녀노소 누구나 쉽게 즐길 수 있음을 보여주는 닌텐도 광고 (사진출처 : 닌텐도 홈페이지)

세계 3대 콘솔게임 업체이지만 닌텐도의 모든 콘솔이 성공한 것은 아니다. 패미콤, DS, '위', 그리고 스위치는 큰 성공을 거두었지만 이들 사이에 DS3, '위U'와 같이 그다지 성공하지 못한 게임도 있다. 이러한 성과의 부침은 기술과 소비자 기호 등 외부적 환경변화와 깊은 관계가 있다.

우선 소니와 마이크로소프트의 시장 진입으로 콘솔 시장의 경쟁이 심화되었다. 1990년 후반과 2000년 초반에는 PC게임이 또 하나의 강력한 경쟁자로 등장했고, 2000년대 들어 컬러 스크린이 탑재된 휴대폰이 널리 보급되면서 휴대폰 자체가 게임의 주요 디바이스가 되었다. 저장공간과 속도의 한계가 있어서 게임 그래픽 수준은 비교적 단순할 수밖에 없지만 늘 가지고 다니는 휴대폰으로 이동 중에도 게임을 즐길 수 있다는 장점은 이런 단점을 상쇄하고도 남았다. 여기에 2000년대 후반 스마트폰과 태블릿PC로 대표되는 모바일 디바이스의 시대가 도래해 닌텐도는 물론 콘솔게임 시장 자체에 큰 위협요인이 되었다.

놀라운 점은 이렇게 새로운 기술이 도입되고 환경이 변화하는 시점마다 닌텐도가 뛰어난 적응력을 보여주었다는 사실이다. 더 놀라운 점은 그럼에도 '콘솔'이라는 디바이스 형태는 닌텐도의 아이덴티티로 굳건히 유지되었다는 것이다.

닌텐도는 '마리오', '젤다의 전설' 등 자체적인 블록버스터 소프트웨어를 보유하고 있기에 PC나 휴대폰 등 다른 디바이스에서 사용할 수 있도록 제품을 확장하면 더 많은 수익을 올릴 수 있었는데도 이런 전략을 적극적으로 추진하지 않았다. 대신 경쟁 디바이스의 전략에 맞춰 새로운 콘솔게임으로 응수했다. 휴대폰이 경쟁 디바이스로 등장하던 시점에는 휴대성이 강한 DS를 출시했고, PC게임 및 다른 콘솔게임이 고사양 경쟁을 펼칠 때에는 모션센서를 장착한 '위'를 출시했다.

스마트폰이 나오고 게임의 중심이 모바일로 넘어가는 환경에서는 증강현실 게임인 '포켓몬고'로 세계적인 성공을 거둔 데이어 스마트폰에서 플레이할 수 있는 마리오 게임을 출시했다. 포켓몬고와 마리오런은 콘솔게임이라는 아이덴티티에서 살짝

TV, 모니터, 자체 디바이스를 통해 언제든 게임을 즐길 수 있는 닌텐도 스위치 (사진 출처 : 닌텐도 홈페이지)

벗어난 형태이기는 하지만 제한적인 기능만 가능하기 때문에 닌텐도의 게임을 제대로 즐기려면 결국 콘솔 게임기를 이용해야 한다.

모바일 기기에서 축적한 경험과 기술은 기존의 강점과 결합해 닌텐도 스위치로 이어졌다. 닌텐도 스위치는 언제나 휴대할 수 있는 모바일 게임 디바이스인 동시에 TV나 모니터에 연결하면 '위'와 같이 고정형 콘솔로 변신한다.

이처럼 휴대폰이나 PC등 다른 디바이스에서 구동되는 게임을 만드는 대신 시대 흐름에 맞게 자체 콘솔의 기능과 기술을 강화하는 것이 닌텐도의 기본적인 전략이다. 콘솔이야말로 닌텐도가 가진 가장 강력한 플랫폼이기 때문이다.

소프트웨어 회사가 모바일 앱을 출시해 엄청난 인기를 구가하면 구글과 애플도 덩달아 '손쉽게' 이익을 창출한다. 심지어 소프트웨어 회사에 대해 항상 '갑'의 위치에 서는데, 이는 구글과 애플이 구글플레이나 앱스토어, 아이튠즈라는 플랫폼을 장악하고 있기 때문이다. 닌텐도 역시 콘솔을 플랫폼화하고 마리오, 젤다, 동물의 숲 등 독점 소프트웨어(proprietary software)로 다수의 충성고객을 닌텐도의 생태계에 묶어둔다. 외부 게임 소프트웨어 개발업체들은 더 많이 판매되는 콘솔에 게임을 출시해야 수익을 극대화할 수 있으므로 자연스럽게 닌텐도의 콘솔로 모여들게 되고, 이는 다시 닌텐도 콘솔의 가치를 상승시키고 더 많은 고객을 끌어들이는 요인이 된다.

결론적으로 닌텐도는 콘솔게임이라는 본연의 특성과 모두가 즐기는 게임문화라는 아이덴티티를 유지하되 시대와 기술, 고객 취향의 변화에 따라 콘솔을 진화시킴으로써 변화하는 환경에 적응해왔다. 닌텐도와 넷플릭스의 사례는 역동적으로 변화하는 환경 속에서 지속가능한 경쟁력은 결국 변화에 적응하는 능력 자체를 조직의 문화로 만드는 것임을 일깨워준다.

리뉴 블루! 타성에 젖은 조직을 깨운다

CEO가 생각하는 조직의 변화는 구성원들의 역량 없이는 추진할 수 없다. 앞서 베스트바이의 디지털 혁신 사례를 소개했지만, 2012년 졸리가 CEO가 되었을 때 경영난과 정리해고, 그리고 언론의 가혹한 평가가 겹쳐 베스트바이 직원들의 사기는 땅에 떨어져 있었다. 회사의 존립이 어려워지면 새 직장을 구할 수 있는 가장 유능한 직원들부터 먼저 떠난다. 정리해고를 하면 당장은 인건비가 줄어들지만 전열을 가다듬어 다시 일어서려 할 때 성과가 낮고 사기는 떨어진 직원들만 남아 있는 경우가 적지 않다. 그래서 허버트 졸리는 정리해고를 최소화하고 그 대신 광고비를 삭감하고 대외활동을 줄여 비용을 절감했다.

아울러 구성원들의 사기를 올리고 체질을 개선하는 작업에 돌입했다. 앞서 살펴본 대로 베스트바이는 오프라인 매장을 가진 전자제품 유통회사로서 온라인 업체보다 만족스러운 고객경험을 제공하기 위해 긱스쿼드를 핵심적인 턴어라운드 전략으로 삼았다. 고객이 인터넷을 뒤져서 찾는 것보다 더 빠르고 정확한 정보를 알려주고 컨설팅하기 위해서는 이에 걸맞은 직원 교육이 필수적이었다. 졸리는 구성원들의 능력과 사기를 향상시키기 위해 과감하게 직원 교육에 투자하고 변화에 동참하도록 성과급 제도를 변경했다. '최고를 위한 베스트바이의 길'이라는 직원 훈

런 프로그램을 통해 다양한 제품에 대해 얕박한 지식을 갖기보
다 제품군 별로 깊은 지식을 가진 전문가를 양성했다.

졸리의 재임기간이었던 2012~19년 동안 베스트바이는 놀라
운 변화와 성과를 이뤄냈다. 자신을 삼킬 뻔한 경쟁자 아마존의
제프 베조스마저 베스트바이의 혁신을 두고 "배울 점이 많다"고
칭찬할 정도였다. 베스트바이의 '리뉴 블루' 전략은 디지털 기업
과의 경쟁에 직면한 전통적 기업이 리더십을 발휘해 제도와 전
략을 수립하고 조직문화에 심으려면 무엇을 해야 하는지에 대해
대한민국의 많은 기업에도 큰 시사점을 준다.

최저가격 보장제도를 통해 가격 수준을 온라인 업체에 맞
춘 것은 베스트바이가 아마존과 동일한 경쟁선상에 설 수 있도
록 해준 기초작업이었다. '더 블루 셔츠'라 불리는 직원들이 매
장에서 판매만 하는 회사가 아니라 분야별 전문성을 갖추고 서
비스를 제공하는 회사로 변모한 것은 온라인 기업보다 베스트
바이가 비교우위를 갖도록 해주었다. 아울러 지속적인 직원 교
육 프로그램을 뒷받침하는 인센티브 체제 개편은 그저 그런
(mediocre) 성과에 안주하는 조직문화를 극복하고 고객의 문제
해결을 위해 적극적으로 나서고 탁월함(excellence)을 추구하는
날렵한(nimble) 학습조직으로 거듭나 베스트바이의 강점이 지
속가능하도록 만드는 해법이 되었다.

위기에 직면한 조직의 문화를 변화시키기 위해서는 결국 리더

십이 중요하다. 한국 내에 어떤 인적 네트워크도 없던 히딩크 감독이 제삼자적 관점에서 한국 축구대표팀에 필요한 변화를 추진했듯이, 졸리도 전혀 다른 분야에서 영입된 외부 CEO였기에 이런 역할을 할 수 있었던 건지도 모른다. 조직이 처한 상황을 감정을 배제하고 철저히 분석해 조직문화와 전략의 이상적 방향을 제시하고, 여기에 요구되는 수많은 정책에 우선순위를 부여해 과감하게 실행하는 리더십. 이러한 과제를 수행하기에 적합한 리더의 역량이 CEO의 출신배경보다 훨씬 중요하다.

DT 법칙 체크리스트

1. 현재의 조직 구성과 문화, 구성원을 디지털 전환에 적합하게 변화시키고 있는가?

2. 디지털 전환을 위해 조직을 혁신하는 데 필요한 요소를 적어보자. 그 요소들을 어떻게 적용할 수 있을지에 대해서도 생각해보자.

3. 조직구성원 각자가 디지털화된 기술이용과 정보수집의 시작점이 될 수 있다. 고객접점에서 서비스와 고객경험을 향상시킬 수 있는 학습조직을 모색해보자.

결론

기술이 아니라 태도를 혁신하라

DT 시대에 걸맞은 마인드 혁신이 필요하다

기업 현장에서는 언제나 비슷비슷한 경영관리 기법이나 컨설팅 패키지가 이름만 바꾸어가며 등장한다. 그중 어떤 변화는 일시적인 유행 이후에 사라져간다. 하지만 긴 시간을 두고 큰 흐름에서 기업 경영을 바라보면 조직을 둘러싼 환경과 조직 그 자체에 항구적인 변화를 불러일으켜 어느 순간 당연한 것이 되어버리는 큰 물줄기가 존재한다. 그중에서도 생산수단의 근본적인 도약을 통해 경제구조는 물론 사회 전체를 바꾸어놓은 변화를 산업혁명이라 불러왔다.

정보혁명이 정보기술 자체의 발전에 그치지 않고 고도화되고 연결, 융합함으로써 기업의 생산방식은 물론 사회계급과 국가적 시스템에 이르기까지 전방위적으로 변화시키는 것이 오늘날 4차 산업혁명이다. 4차 산업혁명은 여전히 진행 중인 변화이기에 전체적인 모습을 다 알 수는 없지만, 변화의 방향으로 보아 디지털 전환이 기업 경영에서 피할 수 없는 패러다임의 전환인 것은 분명하다.

지금까지 디지털 전환의 필요성과 9가지 법칙을 통해 기업이 디지털 전환을 추진하는 데 갖춰야 할 전략적 방향과 구성요소를 알아보았다. 사회를 이루는 여러 구성요소 중 기업은 가치를 생산하는 주체다. 기업이 생산한 가치는 고객에 의해 소비되고 평가되며, 고객에게 더 나은 가치를 만들어내는 기업이 장기간 생존하고 좋은 평가를 받는다. 디지털 전환의 목적도 크게 다르지 않다. 정보 단위를 디지털로 전환하고, 조직구성원 사이에 정보가 실시간 공유되도록 하고, 디지털 기술로 업무의 효율성을 높이는 것은 디지털 전환의 가장 기본적인 활동이다.

디지털 데이터와 기술은 디지털 전환의 필요조건인 만큼 정도의 차이는 있지만 많은 기업이 투자하고 있다. 하지만 최첨단 기술을 잔뜩 도입하고 새로운 시스템을 구입해도 고객경험을 향상시키는 조직적 변화를 만들어내지 못하면 단기적으로는 소중한 자원을 낭비하고, 중장기적으로는 조직의 생존을 위태롭게 만들 것이다. 필자들이 제안한 디지털 전환의 9가지 법칙은 고객가치 향상을 중심에 두고 어떻게 디지털 전환을 추진할지에 대한 방법론이다. 이 방법론은 곧 디지털 전환 시대가 요구하는 혁신의 마인드이기도 하다. 간추려 정리하면 다음과 같다.

고객가치와 조직의 미션이 우선이다

첫 번째 법칙은 차별화된 고객가치와 경험을 만들어내려면 애초에 우리 조직이 왜 존재하는지를 잘 생각해보아야 한다는 것이었다. 조직의 미션을 작성해서 비즈니스를 정의하는 것은 어느 기업이나 하는 바이지만 '사명선언서'를 가지고 있는지 여부보다는 그 미션이 얼마나 타당한지, 조직의 전략은 미션을 수행하는 데 적절한지, 그리고 구성원들이 그 미션을 얼마나 깊이 공유하고 있는지가 중요하다.

도미노피자는 음식으로서의 피자가 아니라 사람들을 연결하는 '피자 소비 상황'에 초점을 맞추어 자신들을 '세계 최고의 배달 피자 회사'로 정의함으로써 피자의 주문과 배송 과정에 디지털 기술이 만들 수 있는 가치를 찾아냈다. 넷플릭스는 '세상을 즐겁게 한다'는 미션을 중심으로 영화와 드라마 보는 방식을 디지털화함으로써 고객들이 더 편하고 저렴하게 이 가치를 누릴 수 있게 했다.

뻔한 산업 구분을 그대로 받아들이거나 경쟁사라고 당연하게 생각하던 회사들의 전략에만 매몰되지 말고, 내 회사가 만드는 가치의 원천이 무엇인지를 고객의 입장에서 정의해보자. 디지털 기술이 적용되어 조직이 도약할 수 있는 기회를 발견할 수 있을 것이다.

디지털 전환은 속성상 시스템 전반에 걸친 변화를 추구하지만, 그렇다고 무에서 유를 창조하거나 아무 관계없는 일에 무작정 뛰어들라는 것은 아니다. 두 번째 법칙은 오히려 조직이 가진 장점을 정확히 파악하고 디지털 기술로 이 장점을 발전시키는 것이다.

닷컴버블이 터진 후 위기를 이겨낸 디지털 기업들은 산업 전반에서 약진했다. 기존의 많은 산업과 기업이 그들의 성장을 지켜보았고, 그 와중에 상당수는 디지털 패러다임에 적응하지 못해 사업을 접어야 했다. 그럼에도 일부 기업은 부활에 성공했다. 월마트는 아마존의 디지털 전략을 모방하기보다 전국적 점포망을 부채가 아닌 자산으로 활용하는 온오프라인 통합전략으로 유통의 강자 자리를 지켜나가고 있다. 힐튼을 비롯한 대형 호텔 체인들은 에어비앤비로 대표되는 공유숙박 서비스의 급격한 성장을 목도한 뒤 안전성과 청결함, 예측가능성 등 호텔이 가진 강점을 바탕으로 디지털 기술을 서비스에 접목하여 고객가치를 업그레이드하는 데 성공했다.

자신의 강점을 디지털로 극대화한 기업들의 디지딜 전환 전략은 코로나19 위기로 비대면이 일상화되면서 더욱 빛을 발했다. 온라인 쇼핑, 원격의료, 화상회의, 비대면 서비스 등 전 사회적인 디지털화 흐름은 팬데믹 상황이 진정되더라도 사그라들지 않을 것이다. 자신만의 강점을 디지털 전환 전략에 녹여낸 기업들이야말로 다른 기업이 쉽게 모방할 수 없는 경쟁우위를 장기간 유지할 수 있다.

디지털 기술이 없다는 불안을 버려라

당연한 말이겠지만, 디지털 전환을 추구하는 철학과 전략적 방향은 디지털 역량이 있어야 실행에 옮길 수 있다. 고객접점을 내재화하는 등 데이터 주도권을 갖고 자신만의 데이터를 확보하는 노력은 디지털 전환이라는 집을 짓는 첫 단추다. 태생부터 디지털로 무장한 마이크로소프트, 구글, 페이스북, 아마존, 알리바바, 텐센트 등은 다른 기업들보다 데이터 확보에 앞서 있는 것이 분명함에도 여전히 더 많은 데이터를 확보하기 위해 투자를 아끼지 않는다. 엄청난 금액을 지불하며 디지털 역량을 갖춘 기업을 인수하거나 당장은 수익성 없어 보이는 기술개발에 매진한다.

최근에는 전통적인 산업분야 기업들도 이런 흐름에 동참하고 있다. 강력한 브랜드와 팬덤을 가진 나이키나 코카콜라가 스스로를 디지털 기업으로 선언하고 고객접점을 확보하기 위해 노력하고 있다. 특히 나이키는 유통채널을 간소화하고 디지털을 기반으로 고객과 직접 대면하는 채널을 구축했으며, 물류 효율화로 절감한 비용을 고객 혜택으로 전환하면서 고객과 회사가 윈

원하는 선순환 구조를 만들어가고 있다.

비단 거대기업이 아니어도 자기 분야에 특화된 데이터를 확보해 활용한다면 디지털의 습격을 기회로 변모시킬 수 있다. 음악산업에 악기의 영향력이 전반적으로 축소되고 있지만, 펜더 기타는 주고객층이 누구인지를 경험이 아니라 데이터에 의거해 찾아내고 이들의 구매 후 행동을 분석함으로써 모바일 기반의 구독형 기타 레슨 모델을 도입하는 데 성공했다. 질로우는 중개업자들만 알고 있던 부동산 정보를 모든 시장참여자에게 투명하게 공개하는 방식으로 온라인상에 부동산 거래시장을 만들어 변화를 주도했다.

데이터의 확보와 함께 디지털 기술을 잘 활용하는 것도 디지털 전환에 필요한 역량이다. 디지털 기술 자체를 개발하는 구글, 페이스북, 애플을 보고 있으면 디지털 기술을 확보하는 게 엄두가 나지 않는다. 하지만 앞서 설명한 디지털 전환의 법칙, 즉 고객경험을 어떻게 향상시킬지에 초점을 두고 기술을 바라보면 이미 있는 기술을 활용하는 것만으로도 큰 변화를 가져올 수 있다. 특성 시간대에 손님이 급증해 길게 줄 서야 하는 불편을 개선하기 위해 스타벅스는 오래전부터 존재하던 블루투스 기반의 비콘기술을 가지고 모바일 오더(사이렌 오더) 서비스를 정착시켰다. '세상에서 가장 행복한 공간'이라는 디즈니랜드는 '세상에서 가장 오래 기다려야 하는 공간'이기도 했다. 디즈니는 이미 범용화된 RFID 기술을 적용해 디즈니랜드 방문객이 공항에 도착하는 순간부터 떠날 때까지 모든 시설을 편하게 이용하게끔 시스템을 구축했다.

경쟁사보다 디지털 기반의 서비스를 빨리 도입하면 '선도자의 이점'(first mover advantage)을 누릴 수 있다. 하지만 '1호' 타이틀이 없더라도 '빠른 2호'를 추구하는 전략을 민첩하게 잘 활용하는 것도 좋다. 특히 직접 경쟁자만 바라보지 말고 우리 사업과 한걸음 떨어진 기업들의 행보에서 내 고객의 경험을 향상시킬 만한 기술을 찾아보길 권한다.

새로운 기회를 모색하는 것 못지않게 기존의 고객을 빼앗기지 않는 데에도 디지털 기술이 필요하다. 경쟁자나 대체재가 등장해 고객이 이탈하지 않도록 든든한 벽을 쌓고 고객이 우리 생태계에 만족해 기꺼이 남아 있을 이유를 만들어줘야 한다. 아마존은 정액제 배달 서비스로 시작한 프라임 멤버십이라는 고객 생태계에 꾸준히 신규 서비스를 추가해 고객들이 다른 대안을 생각할 이유가 없도록 만들고 있다. 마이크로소프트는 대체 불가한 자사의 소프트웨어를 판매하는 데 안주하지 않고 플랫폼에서 구독하도록 비즈니스 모델을 바꾸고 통합 서비스를 제공해 경쟁력을 강화하고 있다.

하지만 데이터와 기술을 확보하려는 무한경쟁이 벌어지면서 신기술이 쉴 새 없이 등장해, 기존의 강점만으로는 시장을 지켜내기 어려워지고 있다. 기술 변화가 너무 빨라 모든 기술을 다 가질 수도 없다. 이럴 때의 대안이 전략적 파트너십이다. 많은 회사들이 자체 역량만으로는 달성하기 어려운 대형 프로젝트를 추진할 때 기술개발이나 조직변화에 필요한 비용과 리스크를 낮추고 시너지 효과를 내기 위해 전략적 제휴를 하거나 인수합병에 뛰어든다. 2부에서 소개한 자동차 기업과 IT 기업의 협력 사례는 전기자동차와 자율주행의 시대에 협력이 피할 수 없는 선택임을 잘 보여준다. 디지털 공유숙박 서비스의 편리한 인터페이스에 맞서 리워드 앱을 확장하고 객실에 디지털 기술을 채워나가기 위해 유수의 호텔체인이 클라우드 서비스 업체나 IT 기업과 제휴하는 것도 같은 이유다.

한때 국내에는 '순혈주의'나 '조직융합' 등을 이유로 대기업조차 전략적 제휴나 인수합병에 부정적인 기류가 있었던 것이 사실이다. 하지만 혼자 힘으로 성공 모델을 만들거나 남의 성공을 빠르게 모방해서 경쟁자를 추월했던 과거 한국기업의 성공공식은 점점 힘을 잃고 있다. 삼성전자가 자동차 전장분야에 능력을 보유한 하만을 인수하고 현대자동차가 자율주행 소프트웨어 기업인 앱티브와 전략적 제휴를 맺고 로봇공학에 기술력을 갖춘 보스턴다이내믹스를 인수하는 등의 움직임은 협력과 융합으로 시너지를 만들고 변화에 적응력을 높이기 위해 한국 기업들도 적극적으로 나서고 있음을 보여주는 좋은 예다.

가치창출의 공식, 고객에게 배워라

우리는 디지털 전환의 기본 철학이 고객에게 의미 있는 가치를 창출하고 향상시키는 것이라고 말해왔다. 이는 본질적으로 기업의 과제이지만 고객들 스스로 가치를 창출하도록 활동을 이끌어내는 것도 좋은 방법이다. 소비자들의 행동을 분석해 그들이 원하는 바를 알아내는 것과 별개로 소비자를 크리에이터로 만들어서 기업 활동에 더 깊게 참여시키는 것도 좋다.

이케아는 공간을 활용하고 가구를 만들기 위한 아이디어를 고객에게 직접 얻고자 오픈소스 디지털 플랫폼을 만들었고, 마이크로소프트는 폐쇄적인 조직문화를 탈피해 주요 제품에 오픈소스의 개념을 적극 받아들였다. 한 회사의 고유한 역량만큼이나 집단지성의 힘을 잘 활용하는 것이 고객경험 중심의 가치를 만드는 데 중요해졌다.

이와 더불어 고객과 회사, 고객과 고객을 연결하고 이들이 정보를 공유하고 때로는 선의의 경쟁을 하도록 유도함으로써 고객을 기업의 생태계에 묶어두는 전략도 디지털 전환에 유용하다. 커뮤니티를 만들어 팬덤을 확보하는 전략이 새로운 것은 아니다. 할리데이비슨 오토바이의 열성팬들이 만들어낸 '할리 오너스 그룹'(Harley Owners Group, HOG)은 고객 커뮤니티의 조상이자 커뮤니티 마케팅을 지향하는 모든 기업들의 꿈이었다. 브랜드와 제품에 대한 애정을 공유하는 사람들의 모임인 HOG는 할리데이비슨의 클래식한 모터사이클이 하나의 제품을 넘어 브랜드가 상징하는 라이프스타일을 구현하는 문화현상으로까지 인식된다. 이들의 높은 브랜드 충성도는 기업에 안정적인 수익을 가져다주는 것은 물론 제품개발의 전 과정에 아이디어와 영감을 제시하는 역할을 해왔다.

이런 커뮤니티 마케팅의 기본적인 철학은 디지털 기술을 통해 장점이 배가될 수 있다. 디지털 기술이 가능케 하는 실시간 양방향의 정보흐름은 고객 커뮤니티가 단순히 바깥에서 기업을 지원하는 마케팅 툴에 그치지 않고 그 자체로 기업의 핵심역량이 될 수 있다. 펠로톤의 성공비결은 홈트레이닝 기구를 다른 기업보다 더 잘 만들거나 더 싸게 만드는 데 있지 않다. 고객들이 서로를 격려하고 은근히 경쟁하며 강력한 동기부여를 하도록 커뮤니티에 묶어두는 것이야말로 이들의 핵심역량이다.

미국의 넥스트도어와 한국의 당근마켓은 세상 모든 사람을 연결하는 대신 동네 사람들을 지역 커뮤니티로 묶는 폐쇄적 연결 구조를 택해 익명으로 이어진 SNS에서는 가질 수 없는 소속감을 선사한다. 힐링 게임으로 잘 알려진 '동물의 숲' 역시 지인들과 게임을 즐길 수 있는 것이 또 하나의 중요한 인기요인이다. 중요한 의사결정에 직접 참여한 조직구성원이 더 만족도가 높고 성과를 내는 것처럼, 기업의 제품과 서비스에 깊게 몰입하고 참여한 고객일수록 더 큰 가치를 스스로 만들어낼 것이다.

변화 적응력이 디지털 경쟁력, 문화를 바꿔라

디지털 전환의 종착지는 앞서 언급한 다른 법칙이 누가 시키지 않아도 저절로 구현되는 조직문화를 만드는 것이다. 즉 변화 자체를 조직의 DNA에 심는 것이다. 그렇게 하면 4차 산업혁명을 넘어 N차 산업혁명이 오더라도 조직은 자율적으로 새로운 환경에 적응해갈 수 있을 것이다.

많은 기업들이 이런 조직문화를 만들기 위해 노력하고 있고 또 상당한 성과를 내고 있음을 우리는 보았다. 넷플릭스의 리드 헤이스팅스 회장은 '룰이 없는 것이 넷플릭스의 유일한 룰'임을 강조한다. 기업이 성장하고 규모가 커지면 자연스럽게 큰 조직을 관리하기 위한 위계구조와 다양한 규칙이 생겨나기 마련이다. 큰 성공을 가져다준 비즈니스 모델이 일종의 도그마가 되어 위계나 규칙과 결합하면 조직은 활기를 잃고 혁신이 숨 쉴 공간이 사라진다. 한때 혁신의 상징과 같았던 기업들이 관료화되고 다른 대기업과 유사하게 변해가는 과정을 우리는 많이 보아왔다. 룰이 없는 조직을 강조하면서 오늘의 성공을 만들어준 공식을 과감하게 버리고 새로운 모델로 바꿀 수 있는 조직이야말로 변화에 계속 적응할 수 있을 것이다. 유행하는 게임 방식과 기기가 바뀌어갈 때에도 콘솔 플랫폼을 아이덴티티로 유지하되 새로운 기술을 적용해 변화에 뒤처지지 않는 닌텐도, 아마존의 쇼룸으로 전락할 위기에서 자신의 사업에 숨어 있는 전문 서비스의 가능성을 발견해 조직혁신을 이뤄낸 베스트바이의 사례는 기술보다는 능동적으로 변화하는 기업문화를 만들어가는 것이 디지털 전환의 중요한 목표임을 보여준다.

조직문화는 그 문화를 만들고 지배받는 사람이 핵심이다. 지금 당장 필요한 능력이나 기술을 가진 사람을 뽑는 것도 물론 중요하다. 하지만 오늘의 최신 기술도 몇 년만 지나면 진부해질 것이 자명하다. 변화의 속도가 빠른 경영환경에서는 필요한 기술도 계속 달라지기 때문에 무엇이 필요한지 정의하는 것조차 쉬운 일이 아니다. 자율적으로 움직이고 변화하는 유기적 조직을 구성하려면 기본적으로 배움에 열려 있고 지적인 호기심이 있는 사람, 학습능력이 뛰어난 사람과 함께해야 한다.

과거에는 과제를 정해두고 그 일에 적합한 사람을 뽑는 게 채용의 핵심이었다. 하지만 가까운 미래에 무슨 일을 하게 될지 모르는 상황에서는 학습능력이 뛰어나고 조직의 문화에 적합한 사람을 채용해야 한다. 객관식 문항을 나열해 '지식'을 측정하는 대기업과 달리 구글이나 애플 등에서는 '이걸 왜 물어보지?'싶을 만큼 엉뚱한 질문을 한다는 이야기를 들어봤을 것이다. 일부 국내기업들은 이런 채용면접의 형식만 따와서 엉뚱한 질문으로 피면접자를 당황하게 하는데, 애초에 그런 질문을 면접에서 왜 하는지 생각해봐야 한다. 구글과 애플이 그런 질문을 하는 이유는 상대방의 순발력을 시험하기 위해서가 아니라, 우리 조직이 추구하는 가치를 공유할 만한 사람인지 파악하려는 데 목적이 있다.

경영자라면 조직구성원을 살펴보고 디지털 역량을 갖춘 인재가 얼마나 있는지 파악해보자. 필요한 인재는 외부에서 구할 수도 있지만 내부적으로 교육과 훈련으로 육성할 수도 있다. 이는 첨단 장비를 사오는 것보다 더 중요한 투자가 될 것이다.

거부감을 잠재우는 포용적 리더십이 필요하다

우리에게 민족자결주의로 잘 알려진 미국의 28대 대통령 우드로 윌슨은 "조직에서 적을 만들고 싶다면 뭔가를 바꿔라"라고 말했다. 조직의 변화는 피할 수 없지만 변화에 대한 반발도 피할 수 없다. 디지털 전환은 조직의 광범위한 변화를 일으킨다.

이러한 변화에는 다양한 종류의 어려움과 저항이 따르기 마련이다. 또한 변화에는 확실한 방향설정이 요구된다. 분명한 비전으로 방향을 잡고 조직 안팎의 저항과 반발을 극복해 성공적인 변화를 이끌어내는 어려운 과제를 수행하려면 결국 리더십이 중요하다.

조직의 존재이유를 재정의하고 새로운 비전을 제시해 변화를 이끌어낸 도미노피자나 넷플릭스의 사례는 결과만 보면 단순명료해 보일지 모른다. 하지만 피자를 만들고 팔기 위해 만들어진 기존의 조직구조에 생뚱맞게 대규모 IT 인력을 채용하여 CEO가 직접 지휘한다고 하면 체인점 관리나 피자 레시피를 연구하던 기존 구성원들은 혼란을 넘어 상실감과 분노를 느낄 수도 있다. 미국 자동차의 상징적 브랜드인 포드는 2008년 금융위기 때 파산 위기를 겪은 후 스마트 모빌리티 기업으로 변모하고자 노력해왔다. 그 일환으로 전기차, 자율주행, 연결기술 등의 역량을 축적하고자 자동차의 성지(聖地)인 디트로이트를 떠나 실리콘밸리에 새로운 조직을 출범했다가 구성원들의 엄청난 반발에 직면해야 했다.

미국의 저명한 시스템 과학자인 피터 센지(Peter Senge)는 "사람들은 변화에 저항하는 것이 아니라, 자신이 변화되는 것에 저항한다"는 말로 변화가 불러일으키는 공포감을 표현했다. 조직 구성원들은 그동안 연마해온 기술이나 역량이 무의미해지는 변화를 싫어한다. 또 자신의 위치나 영향력을 잃을 수 있는 변화를 본능적으로 거부한다. 도미노피자의 혁신 과정에서 조직운영의 핵심이 새로 생긴 IT부서로 넘어가는 것을 기존 구성원들이 반겼을 리 없다. 더욱이 디지털 전환은 디지털 기술을 바탕으로 조직 프로세스를 효율화한다. 이런 변화는 근본적으로 수직적인 조직구조를 수평적으로 바꾸고 위계보다는 협업을 강조하게 된다. 필연적으로 부장, 차장으로 대표되는 중간관리자의 역할이 크게 축소될 수밖에 없다.

리더의 역할은 변화의 필요성을 조직 전체에 불어넣고 확실한 비전을 제시함은 물론 변화에 필요한 물질적, 정치적 지원을 해주는 것이다. 동기부여를 위해서는 급변하는 외부 환경이나 심각한 경쟁상황, 혹은 조직의 실적 하락 등 조직이 처한 위기상황에 대해 솔직하게 알리고 이해시키는 과정이 선행되어야 한다. 리더는 우리 조직이 놓여 있는 위치와 우리가 이상적으로 생각하는 위치의 차이를 설명하고, 자신이 제시하는 변화를 수행했을 때 기대되는 결과를 신뢰성 있게 전달해야 한다. 구성원들이 자기 역할이 축소된다고 두려워하거나 박탈감을 느끼지 않고 변화에 동참할 수 있도록 정치적, 정서적, 물질적 지원을 아끼지 않는 포용적인 리더십이야말로 조직의 디지털 전환을 성공적으로 이끄는 열쇠다.

나무와 함께 숲을 보라

앞서 디지털 기술의 발달로 말미암아 산업 간 경계가 축소되고 진입장벽을 이루는 요소에 변화가 생기면서 기업의 사업 다각화가 더 많은 미래 먹거리를 만들어낼 좋은 수단이 되고 있다는 점을 살펴보았다. 기본적으로 모든 조직은 자신의 본업에서 나만이 더 잘할 수 있는 강점이 있어야 오래 살아남는다. 하지만 성장성이 높은 새로운 사업에 요구되는 역량이 기존에 가지고 있는 강점과 상호보완적이고 심지어 시너지를 일으킬 수 있다면 그런 사업으로의 확장은 기업가치를 한 단계 도약시킬 수 있다.

확장을 고려하는 조직들에게 기존의 좁은 사업영역에 스스로를 자꾸 가두지 말라고 조언하고 싶다. 과거의 한국기업은 문어발식 확장이라는 비판을 받을 정도로 아무런 관련도 없는 사업에 너도나도 뛰어들어 수십 개의 계열사를 거느리는 선단식 경영을 추구했다. 1992년에 한국의 자본시장이 외국에 개방되고 1997년 외환위기를 극복하는 과정에서 외국기업들과 직접 경쟁하기 전까지는 국내 대부분의 영역에서 공급이 수요를 따라가지 못했고, 자본력을 가진 대기업이 어떤 사업을 해도 어느 정도는 성과를 낼 수 있었기에 이런 경영이 가능했다. 하지만 그 후에는 오히려 자신의 영역을 고수하려는 방어자로 많이 변모했다.

회사의 내부적 필요에 의해 시작한 아마존의 클라우드 컴퓨팅 사업은 시대적 전환을 잘 만나 온라인 쇼핑몰 중 하나였던 아마존을 진정한 기술기업의 반열에 올려놓았다. 마이크로소프트나 IBM 같은 기업들 틈바구니에서 쇼핑몰이 클라우드 사업으로 살아남을 수 있겠냐며 외부 IT 회사에 아웃소싱을 했다면, 현재 아마존 이익의 절반 이상을 담당하는 AWS 사업부는 생겨날 수 없었을 것이다.

최근 BTS의 전 세계적인 성공과 팬덤은 '21세기 비틀스'라는 칭호까지 얻을 만큼 놀라운 문화현상이다. 하지만 경영전략을 연구하는 입장에서는 BTS의 소속사인 빅히트 엔터테인먼트의 2020년 행보가 못지않게 흥미로웠다. 코로나19 위기로 대부분의 공연이 취소되고 세계 방송국들의 출연에 쉽게 응할 수 없게 된 상황에서 빅히트는 라이브 스트리밍 콘서트를 선보였다. 영국의 웸블리 스타디움에 10만 명을 채우던 BTS의 공연이 실시간 스트리밍으로 제공되면 티켓 가격은 절반 이하로 떨어지지만, 10만 명이 아니라 전 세계 100만 명의 팬이 동시에 콘서트를 즐길 수 있게 된다. 단지 콘서트 화면을 영상으로 틀어주는 수준이 아니다. 이 콘서트를 구매한 팬은 '멀티뷰 라이브 스트리밍'이라는 이름으로 동시에 6개의 화면으로 제공되는 콘서트를 즐길 수 있다. 무대에서 펼쳐지는 BTS 공연은 메인 화면을 통해 즐기고, 공연을 마친 BTS가 대기실에서 팬들과 라이브로 소통할 때는 보조

화면을 통해 만날 수 있다. 같은 시간 메인 무대에서는 빅히트의 다른 소속가수의 공연이 펼쳐진다.

이 서비스를 제공하기 위해 빅히트는 해당 분야에 기술을 가진 키스위 모바일(Kiswe Mobile)이라는 기업과 파트너십을 구축했다. 빅히트의 기획능력과 BTS가 가진 강력한 브랜드 파워를 라이브 스트리밍 기술과 결합해 고객에게 한 차원 높은 서비스를 제공한 것이다.

BTS나 되니까 온라인으로 콘서트를 하지 다른 가수도 되겠느냐고 반문할지도 모르겠다. 하지만 나무와 함께 숲을 보라고 말하고 싶다. BTS 말고 누가 저 플랫폼으로 콘서트를 해서 오프라인 콘서트만큼 수익을 낼지 생각하는 것은 나무를 보는 것이다. 엔터테인먼트 회사인 빅히트가 저 플랫폼을 고도화하여 미래에 온라인 스트리밍 공연 플랫폼 기업으로 확장해갈 가능성은 없을까? 아마존이 AWS로 클라우드 1위 기업이 된 것처럼 말이다.

소규모 기업과 자영업자에 대한 제언
: 디지털로 생각하라

디지털 전환은 초대형 기업에만 필요한 게 아니다. 사회 전반이 디지털 기술로 변화하는 '패러다임의 전환'이기에 사회구성원 그 누구도 디지털 전환을 피할 수 없다. 물론 영세 자영업자나 개인사업자 입장에서는 대대적인 투자가 불가능한 것이 사실이다. 그러나 스퀘어, 세일즈포스, 쇼피파이는 소규모 회사나 자영업자들의 디지털 시스템 구축을 지원하며 급성장했고 국내에도 유사한 회사들이 속속 등장하고 있다. 배달대행 서비스를 제공하는 한국의 배달의민족, 요기요, 쿠팡이츠, 중국의 메이투안 디엔핑, 미국의 도어대시나 우버이츠 역시 가파른 성장세를 보였다. 식당을 운영하는 자영업자들은 이들 플랫폼 기업으로부터 배달된 음식에 관한 분석 데이터를 공유받기도 한다. 복잡하고 비싼 데이터 확보방식에 의존하지 않더라도 시스템을 대여 혹은 구독하면서 생성된 간단한 데이터를 활용할 수도 있다. 그것만으로도 제품과 서비스를 개선하고 비용을 효율화하는 성과를 기대할 수 있다.

나아가 외부 플랫폼 기업에 기대지 않고 2부에 소개한 법칙을 적용해 스스로 디지털 전환을 이루어낼 수는 없을까? 미국의 작은 양조장 몹크래프트(MobCraft)는 중소기업이나 자영업자가 디지털 전환을 어떻게 받아들이면 좋은지 보여주는 좋은 사례다.

미국을 중심으로 시작된 소규모 수제맥주, 이른바 '마이크로 브루어리'(micro brewery) 열풍은 맥주를 사랑하는 사람들에게 하나의 세계적인 문화코드로 자리잡았다. 대기업 맥주의 획일성과 시장 과점에 대한 반발로 생겨난 수제맥주 열풍으로, 1994년 미국에 약 500개였던 수제맥주 업체는 2019년 8000개 이상으로 늘어날 만큼 가파른 성장세를 보였다.[42] 하지만 업체가 늘어나면서 맛의 차별화가 어려워졌고 경쟁이 치열해지면서 문을 닫는 소형 양조장도 점점 늘어났다. 초대형 시설과 전국적인 유통망이 있어야 하는 거대 맥주업체의 시장과 달리 소규모 생산시설이나 탭룸만 갖추면 사업을 시작할 수 있다 보니 마이크로 브루어리 시장은 진입장벽이 높지 않다. 개성 있는 맥주 레시피 역시 끝없이 변하는 사람들의 변덕스러운 기호 때문에 경쟁력의 원천으로 장기간 지속되기 어렵다.

미국의 소형 양조장이 이미 3000개에 달한 2013년, 대학을 갓 졸업한 헨리 슈워츠와 앤드루 지어시자크는 크라우드소싱이라는 아이디어를 가지고 수제맥주 사업을 시작했다. 양조장을 차린 위스콘신 주는 독일계 이주민들이 많이 정착해서 맥주에 대한 전통과 자부심이 있는 지역이다. 세계적인 맥주기업 밀러가 위스콘신 주 최대 도시인 밀워키에서 맥주를 생산하고, 그 외 소규모 양조장도 많은, 경쟁환경이 녹록지 않은 시장에 첫발을 내딛은 것이다.

이 젊은 창업자들은 맥주 사업과 양조 경험은 있었지만 사업을 시작할 자금이 부족했다. 이 어려움을 극복할 아이디어로 이들은 '크라우드소싱으로 만드는 맥주'라는 비즈니스 모델을 고안했다. 맥주는 사실 지극히 아날로그적인 아이템이다. 크라우드소싱은 다른 제품군에서는 꽤 인기 있는 개념이었지만 맥주에는 한 번도 적용된 적이 없었다. '몹크래프트 비어'는 '군중이 만드는 맥주'라는 의미로, 고객이 마시고 싶은 맥주 아이디어를 내면 제품으로 만들어준다. 우선 매달 홈페이지와 소셜미디어에

'아이디어를 내고, 투표하고, 마셔라!' 몹크래프트 비어가 선정한 이달의 맥주 (사진출처 : 몹크래프트 홈페이지)

서 맥주의 레시피를 모집한다. '홉을 200% 넣어주세요'처럼 간단한 내용이어도 되고 세세한 레시피를 적어도 된다. 이렇게 모인 아이디어를 놓고 한 달 동안 온라인상에서 투표를 진행하는데, 흔히 상상하는 인기투표가 아니라 돈을 내고 선주문 방식으로 투표하는 것이다. 일정 수준 이상의 표를 얻은 레시피는 실제로 생산되어 선주문한 고객들에게 배송되고, 선주문을 넣지 않은 고객에게도 일부 판매된다.

이들의 사업모델은 다양성과 소량생산이라는 마이크로 브루어리 운동 본연의 가치와도 잘 맞는다. 몹크래프트의 행보는 소셜미디어는 물론 많은 언론의 주목을 받았고, 덕분에 다른 업체의 양조장을 빌려서 맥주를 생산하던 이들은 자체 생산시설을 갖춘 브루펍을 열어 사업을 확장하고 있다.

한국에서도 음식점이나 커피전문점을 시작하는 자영업자가 많다. 그러나 미디어를 통해 널리 알려진 일부 맛집이나 유명 셰프가 운영하는 식당을 제외하면 대부분은 차별화할 여지가 별로 없다. 음식이나 커피의 레시피가 크게 다르지 않고, 설령 자기만의 레시피를 개발했다 해도 모두가 언론을 타고 대중에게 알려질 수 있는 것도 아니다. 보도에 따르면 2018년 커피전문점의 폐업률은 14%로, 총 9000여 개의 점포가 문을 닫았다.[43] 세계대회에서 입상한 바리스타가 직접 운영하는 커피전문점도 고전하는 것이 현실이다. 자영업의 대명사인 치킨집이나 중국음식점도 상황은 크게 다르지 않다. 구조적으로 진입장벽이 낮아 새로운 창업자가 쉽게 문턱을 넘어 들어온다. 차별화가 어렵다 보니 고객의 충성도는 극히 낮고 업체는 가격경쟁에 매몰되다 결국 사업을 접는 악순환에 빠지기 쉽다.

이런 자영업자들에게 몹크래프트의 스토리는 많은 시사점을 준다. 창업 당시 이들은 별다른 자원이 없었지만 게릴라 전략으로 소셜미디어를 마케팅에 활용하고 다른 업체의 생산시설을 빌려서 아이디어를 현실화했다. 기초적인 수준의 전략적 파트너십을 활용한 것이다. 그러고는 이미 존재하는 아주 기초적인 IT 기술을 활용해 고객이 직접 생각해낸 수제맥주 아이디어를 제품화했다. 자신들은 가장 자신 있는 맥주 양조를 담당하고, 제품에 개성을 부여하는 역할은 고객들의 집단지성에 맡긴 것이다. (물론 자신들을 대표하는 플래그십 맥주도 꾸준히 생산한다.) 매달 실험적인 맥주가 새롭게 만들어지기 때문에 몹크래프트는 그 자체로 고객의 취향 변화를 계속 따라갈 수 있는 일종의 맥주협동조합 플랫폼이 되었다.

이 과정에서 레시피를 제안한 고객은 물론 선주문 방식으로 투표에 참여한 고객들도 이 회사와 제품에 애정과 심리적 지분을 갖게 된다. 마치 오디션 프로그램의 출연자에게 시청자들이 감정이입하는 것과 같다. 고객 아이디어와 투표라는 장치가 고객들을 경쟁과 협동의 장으로 이끌고, 자연스레 대중의 관심을 팬덤으로 전환하는 것이다.

한국은 엄청나게 많은 소셜미디어 이용자와 IT 인프라를 자랑한다. 물품 배송을 위한 물류 시스템도 세계 최고 수준이다. 디지털 전환의 토양은 이미 갖춰져 있으니 비즈니스의 본질을 들여다보고 고객가치를 중심에 두고 생각해보자. 눈앞에 있는 '돈 벌 기회'보다 내 비즈니스가 만들어낼 독창적인 가치에 초점을 맞추어 생각해보면 그리 거창하지 않은 기술로도 시작할 수 있다. 디지털 전환의 핵심은 기술이 아니라 생각의 방식과 태도에 있음을 명심하자.

　나는 기업들이 유행하는 경영기법을 경쟁하듯 도입하는 것에는 비판적인 편이지만, 디지털 시대로의 전환은 단순한 유행이 아닌 거스를 수 없는 패러다임의 변화라고 보았다. 이런 변화에서 기업들은, 그리고 개인들은 무엇을 해야 하는가? 이는 연구자이자 교수로서 평소 가지고 있던 문제의식과 궤를 같이했다.

　나는 조직 관점, 기업 레벨에서 세상을 보는 것이 익숙한 사람이다. 기업 전략적 차원에서 조직이 어떻게 혁신하고 새로운 가치를 만들어낼지에 대한 나의 견해를 디지털 세대의 라이프스타일에 대한 이승윤 교수의 식견과 호텔 및 투어리즘 산업과 기술 변화에 대한 이민우 교수의 통찰력에 더하는 작업은 재미도, 의미도 있었다. 3명의 저자가 가진 전문성과 생각의 다양성처럼, 개인적으로는 모든 것을 녹여 단일한 해법을 만드는 용광로(melting pot)보다는 다양한 견해가 조화를 이루는 샐러드 보울(salad bowl)을 지향하며 이 책을 썼다. 친한 선후배이자 훌륭한 동료 연구자인 이승윤, 이민우 교수님께 큰 감사의 마음을 전한다. 능력 있는 에디터와 일하는 즐거움을 알게 해준 김은경 실장과 북스톤에도 감사드린다.

신동훈

디지털 전환 시대, 멀리 미국에 있는 학자들과 가장 디지털적인 방식으로 디지털에 대한 이야기를 풀어보는 것은 어떨까 하는 게 이 책을 기획한 시발점이었다. 풋풋한 열정으로 가득 차 있던 그 시절, 캐나다 몬트리올에서 함께 공부했던 3명의 학자는 스크린 너머에서 흰머리가 자연스러운 중년의 모습으로 변해가고 있었다. 개인적으로 신동훈 교수와 이민우 교수와 이 책을 쓰게 된 것은, 내 청춘에서 가장 중요한 시절이라 할 수 있는 맥길(McGill) 대학의 젊고 열정 가득한 시절을 다시 느끼게 해준 소중한 기억으로 오래 남을 것이다. 서로 다른 영역에 있기에, 그들과 함께 원고 내용에 대해 토의하고 글을 다듬어가는 과정이 매번 귀중한 배움의 시간들로 여겨졌다. 신동훈 교수님과 이민우 교수님께 진심으로 감사하다는 말을 전하고 싶다. 몬트리올에 쌓인 눈밭을 그들과 함께 조깅하며, 함께 공부했던 그 시절이 지금도 내게는 인생에서 가장 그리운 시간이다.

이승윤

1997년 대학에 입학해 처음 접한 인터넷은 새로운 기회와 도전의 세상이었다. 한국항공대 전자상거래연구회(EC2)와 한국-몽골 IT봉사단 활동을 통해 디지털 기술이 오프라인과 온라인, 사람과 사람, 그리고 삶과 비즈니스를 바꾸는 혁신의 열쇠임을 깨닫고, 미국과 캐나다에서 경영정보 시스템과 비즈니스 인텔리전스를 공부하게 되었다. 특히 전 세계의 석학들과 뛰어난 학생들이 모인 맥길 대학과 매사추세츠주립대(UMass Amherst)에서의 7년은, 글로벌화된 무한경쟁 시장에서 필수가 된 디지털 전환이 다양한 관점에서 적용되고 해석되어야 한다는 큰 깨달음을 주었다. 20여 년 전의 디지털 새내기는 이제 미국에서 디지털 기술과 서비스 혁신을 연구하고 가르치며, 나아가 디지털 문화심리학자인 이승윤 교수와 경영혁신전략의 신동훈 교수와 디지털 전환에 대해 오랫동안 함께 고민하고 토론해왔던 다양한 주제들을 한 권의 책으로 엮어냈다. 시작과 끝을 만들어준 이승윤 교수와 그 모든 과정을 이끌어준 신동훈 교수가 없었다면 불가능했을 일이었다. 진심으로 고맙고 또 감사하다. 마지막으로, 우리의 글을 더 돋보이도록 가다듬고 책의 전체적인 방향을 잡아주신 북스톤에 감사한 마음을 전한다.

이민우

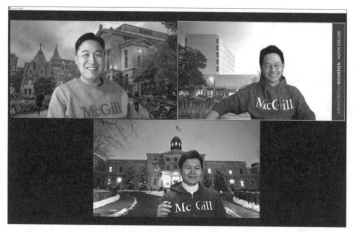

한국과 미국에서 디지털 전환 전략에 대해 토론하는 저자들의 줌 회의장면

1. CPerlman, "From product to platform: John Deere revolutionizes farming", Harvard Business Review, 2017/02/26.

2. "John Deere acquires Blue River Technology for $305 million, bringing full stack AI to agriculture", Data Collective, 2017/09/07.

3. Michael Porter, "Five competitive forces that shape strategy", Harvard Business Review, Jan 2008.

4. Amanda Perelli, "The world's top-earning YouTube star is an 8-year-old boy who made $22 million in a single year reviewing toys", Business Insider, 2019/10/20.

5. "작년 KBS '적자전환'·MBC 영업손실 119%↑…SBS 영업익 95.1%↓", 한국경제, 2019/06/30.

6. "[4차 산업혁명과 직업의 미래] 6. 전기자동차의 현재와 미래", IT동아, 2018.08.14.

7. 박철순·수만트라 고샬,《세계 수준의 한국기업에 도전한다》, 21세기북스, 2003.

8. Ezra Zuckerman, "Focusing the corporate product: Securities analysts and de-diversification", Administrative Science Quarterly, Vol. 45, Sep 2000.

9. 남혁우, "AWS, 아마존 전체 영업이익 66% 책임졌다", ZDNet, 2020/01/31.

10. Chris Bradley, Marc de Jong, Wesley Walden, "Why your next transformation should be 'all in'," McKinsey Quarterly, Oct 2019.

11. "Domino's Pizza Announces Business Update", Cision, 2020/05/26.

12. Chris Isidore, "Walmart's stumbles with online growth", CNNMoney, 2018/02/20.

13. Don Davis, "Walmart.com sales surge 74% in q1 as curbside pickup grows", DigitalCommerce360.com, 2020/05/19.

14. Pamela Danziger, "Nike's new consumer experience distribution strategy hits the ground running", Forbes, 2018/12/01.

15. Dan Noyes, "The top 20 valuable Facebook statistics", Zephoria, Oct 2020.

16. Felix Richter, "Facebook Inc. Dominates the Social Media Landscape", Statista, 2020/07/03.

17. Ian Carlos Campbell, "Starbucks says nearly a quarter of all US retail orders are placed from a phone", The Verge, 2020/10/30.

18. 위키피디아 'Switching barriers' 항목

19. 이진상, "고객들의 변덕이 심해지고 있다", LG경제연구원, 2015/09/08.

20. "Customer 2020: Are you future-ready or reliving the past?", Sccenture Strategy, 2014.

21. 같은 글.

22. Robert Kaplan, David Norton, "Lock-in strategies: A new value proposition", Harvard Business Review, 2003/09/15.

23. Fareeha Ali, "Amazon Prime has 126 million members in the US", DigitalCommerce360.com, 2020/10/26.

24. Larry Downes, "Why Best Buy is going out of business...gradually", Forbes, 2012/01/02.

25. Blake Morgan, "Companies that failed at digital transformation and

what we can learn from them", Forbes, 2019/09/30.

26. Thomas Davenport, George Westerman, "Why So Many High-Profile Digital Transformations Fail", Harvard Business Review, 2018/03/09.

27. Forrester Research, "Accelerate digital transformation with the right strategic partner", ZDNet, 2020/06/19.

28. Debbie Carson, "Marriott international commits to continued innovation in hotel guest-facing technologies", Hotel Technology News, 2019/07/09.

29. Sarah Perez, "Amazon launches an Alexa system for hotels", TechCrunch, 2018/06/19.

30. 임현우, "모빌리티가 도대체 뭐야?", 한국경제, 2019/01/15.

31. Conner Forrest, "Toyota partners with Microsoft on new data science company, Toyota Connected", TechRepublic, 2016/04/04.

32. Kazuyuki Okudaira, "Toyota hitches its cloud aspirations to Amazon", Nikkei Asia, 2020/08/18.

33. "BMW and Microsoft developing a joint platform for intelligent, multimodal voice interaction", BMW Group, 2019/05/06.

34. 김우용, "BMW는 클라우드로 무엇을 노리나", ZDNet, 2016/05/02.

35. "Connecting companies : Strategic partnerships for the digital age", The Economist, Oct 2016.

36. 권상희, "커지는 중고거래 시장... 중고나라 · 번개장터 · 당근마켓 '3강 3색'", ZDNet, 2020/04/13.

37. Rebekah Bastian, "2021 Prediction : The rise of authentech", Forbes, 2020/12/28.

38. "'마인크래프트' 성공비결, 게이머를 조물주로", 블로터닷넷, 2012/10/10.

39. "[혁신의 현장을 가다 | 로컬모터스] 자동차 제조에 오픈 이노베이션 도입", 중앙일보, 2016/12/11.

40. Frank Olito, "The rise and fall of Blockbuster", Business Insider, 2020/08/21.

41. Chan Kim, Renee Mauborgne, Michael Olenick, "Nintendo Switch: Shifting from market-competing to market-creating strategy", Harvard Business Review, 2019/05/02.

42. "National Beer Sales & Production Data", Stewardship Report, Brewers Association.,소규모 지역 양조장, 마이크로브루어리, 탭룸, 브루펍을 모두 합친 숫자임.

43. 연지연, "지난해 커피숍 9000곳 문 닫아... 절반은 3년 내 폐업", 조선비즈, 2019/11/06.